Gütersloher Taschenbücher 98

Hjalmar Sundén

Gott erfahren

Das Rollenangebot der Religionen

Gütersloher Verlagshaus
Gerd Mohn

Originalausgabe

Die schwedische Ausgabe erschien 1961 (4. Auflage 1972)
unter dem Titel MÄNNISKAN OCH RELIGIONEN
im Verlag © Verbum, Stockholm
Aus dem Schwedischen übertragen von Horst Reller

ISBN 3-579-03898-2
© Gütersloher Verlagshaus Gerd Mohn, Gütersloh 1975
Gesamtherstellung: Clausen & Bosse, Leck
Umschlagentwurf: Dieter Rehder, Aachen
Printed in Germany

Inhalt

Geleitwort des deutschen Herausgebers und
Übersetzers 7

1. Das moderne Menschenverständnis und seine
   Bedeutung für das Verständnis der christlichen
   Religion 11

2. Der Glaube in psychologischer und theologischer
   Beleuchtung 29

3. Christus und die Weltreligionen 59

Anstöße zum weiteren Nachdenken. Ein Nachwort
des deutschen Herausgebers 97

Geleitwort des deutschen Herausgebers und Übersetzers

Viele Menschen verlassen durch Kirchenaustritt die große Institution Volkskirche. Vernünftige Lebensbewältigung, technischer Fortschritt und erlangter Wohlstand machen den Eindruck, als sei der Glaube der Väter überfällig oder als habe er sich als Mittel der Weltverbesserung ein für alle Mal als ungeeignet erwiesen. Wo sich neue Religiosität regt, wird sie mit dem Schlagwort »Angst vor der Vernunft« bekämpft. Einer Bevormundung durch Glaube, Kirche oder Religion will man sich ein für alle Mal entziehen.

Auf der anderen Seite wächst die Zahl der Menschen von Tag zu Tag, die der zu einer immer komplizierteren Maschinerie gewordenen Welt keinen Sinn mehr abgewinnen können, die sich verlassen fühlen und nach religiösen Angeboten suchen. Man hat den Intellektualismus des Abendlandes satt, der die Umwelt zerstört, die Bodenschätze hemmungslos ausbeutet und den Entwicklungsländern die wirtschaftliche Entwicklung aufdiktiert. Das religiöse Suchen hat vielerlei Formen angenommen. Manche versuchen es mit fernöstlichen Lehren, andere mit psychologischen Methoden, sehr viele suchen und finden neue Glaubenserfahrungen im Christentum. Die Bekenntnisbewegung »Kein anderes Evangelium« gewinnt in ihren vielfältigen Gruppierungen an Breite. Eine charismatische Bewegung, die Erscheinungen wie Geistheilungen und

Zungenreden in die Großkirchen gebracht hat, macht von sich reden.

Es scheint, als stände der zergliedernde und analysierende Intellekt auf der einen und die ganzheitliche religiöse Erfahrung auf der anderen Seite in einer Polarisierung ohne gleichen. Sicher ist es viel zu kurz geschossen, wenn die Aufgeklärten der religiösen Welle mit Schlagworten wie Angst vor der Vernunft, Mystizismus, Flucht in die Innerlichkeit u. a. begegnen. Religiöse Erfahrung ist etwas anderes und mehr, als das rationale Denksystem sichtbar werden läßt. Gibt es keine Brücke des Gesprächs?

Die Anwendung der Wahrnehmungspsychologie und der Rollentheorie auf die religiöse Erfahrung, wie sie von Hjalmar Sundén praktiziert wird, können das Gespräch in dieser Polarisierung vorantreiben. Sie können dazu beitragen, die religiöse Erfahrung von dem ungerechtfertigten Vorwurf des Illusionismus zu befreien und ihr einen legitimen Platz im Bereich menschlicher Erfahrung schlechthin zuweisen. Die Wahrnehmungspsychologie hat hier erhebliche Hilfe geleistet, verfestigte Denkstrukturen von Descartes bis Sigmund Freud aufzubrechen und auch für den Bereich der Religion und des Glaubens zu Denkmodellen vorzustoßen, wie sie die moderne Naturwissenschaft bereits gewonnen hat. So ergeben sich völlig neue Aspekte für die Gotteserfahrung und die Gottesfrage, die biblische und psychologische Anthropologie, die Struktur und Funktion biblischer Texte sowie für eine Theologie der Wirklichkeit, in der Einsichten der empirischen Wissenschaften zu theologischen Aussagen in Beziehung gebracht werden können. Sundéns Überlegungen bieten

Denkanstöße, die den berühmt gewordenen Satz von Rudolf Bultmann, daß man nicht gleichzeitig elektrisches Licht anknipsen und an die Wunderwelt des Neuen Testaments glauben könne, einer vergangenen geistesgeschichtlichen Epoche zuweisen. Besonders wichtige und theologisch relevante Konsequenzen scheint mir die Rollentheorie Sundéns für die Hermeneutik biblischer Texte zu haben. In welche Richtung diese Konsequenzen führen könnten, ist dem Nachwort des Herausgebers (S. 97) zu entnehmen.

Die Erwägungen von Hjalmar Sundén, Professor für Religionspsychologie an der Universität Uppsala, sind aus einer wissenschaftlichen Denktradition hervorgewachsen, die mit der kontinental-deutschen Denktradition zwar eng verwandt ist, sich aber doch in vielem von ihr unterscheidet. Sundén entwickelt seine Gedanken mit einer sachlichen Konsequenz, zeichnet sie jedoch nicht in ein systematisches Gesamtbild ein, wie es der kontinentalen Denktradition stärker entspricht. Er appelliert vielmehr mit seinen Ausführungen an die eigenen Erfahrungen des Lesers, um diesen zu ermuntern, die vorgetragenen Gedankengänge nicht nur nachzudenken, sondern die Sache, auf die der Autor hinweist, mit eigenen Augen zu sehen, zu erfahren und an den eigenen Erfahrungen zu messen. Wie könnten Menschen, die vom christlichen Glauben bewegt werden, überhaupt anders reagieren, als daß sie jenes »Komm und sieh« aus dem ersten Kapitel des Johannisevangeliums nachsprechen und nachvollziehen.

Hannover, Herbst 1974 *Horst Reller*

1. Das moderne Menschenverständnis und seine Bedeutung für das christliche Verständnis von Religion

Spricht man über das moderne Menschenverständnis, so haben wir es sogleich mit einer Schwierigkeit zu tun: wie wir nämlich zu definieren haben, was mit »modern« gemeint ist. Gleichwohl bietet sich ein etwas pragmatischer Ausweg an, wenn man unter modernem Menschenverständnis die Konturen zu einem Menschenbild versteht, die sich in den großen Handbüchern für Psychiatrie abzeichnen, die während der fünfziger und zu Beginn der sechziger Jahre in englischer, französischer und deutscher Sprache herausgegeben wurden. Da läßt sich nämlich u. a. feststellen, daß diese Handbücher sich durchaus mit der Religion beschäftigen, und zwar nicht als einer pathologischen Erscheinung, sondern als einer normalen menschlichen Funktion.

Das moderne Menschenverständnis versteht den Menschen als Ganzheit. Früher ging man von der Aufteilung des Menschen in Leib und Seele aus und folgte damit der griechischen Philosophie. Diese Aufteilung hat jedoch seit Descartes zu Schwierigkeiten geführt, wenn man erklären wollte, wie diese Größen aufeinander einwirken. Die Fragestellung ist unsachgemäß und darum mußten alle Versuche, sie zu beantworten, ihrerseits unsachgemäß bleiben. Ein kritischer Beobachter hat die moderne Psychologie charakterisiert, daß sie zunächst »seelenlos« wurde, dann den »Verstand« verlor (man vermied, von Seele zu sprechen und redete statt dessen von »the mind« – dem Denken, dem Verstand) und schließlich durch den Behaviourismus »gewissenlos« wurde, der den Standpunkt vertrat, sich auf die Beobachtung der menschlichen Verhaltensweisen in verschiedenen Situationen zu beschränken. Diese Einseitigkeit des Behaviourismus hat jedoch zu vielen neuen bedeutsamen Fragestellungen geführt, so z. B. zu der Frage, woher die Menschen die Muster für ihr Verhalten bekommen.

Nicht nur Philosophen und Psychologen reden von der Seele, auch der gläubige Christ spricht bisweilen von seiner »Seele«. Was meint er damit? Offenbar nicht dasselbe wie die griechische Philosophie. In der Sprache der Frömmigkeit bezeichnet »Seele« den ganzen Menschen in seiner Beziehung zu Gott im Gegensatz zu anderen weltlichen Beziehungen, in denen er steht. Der Abendmahlschoral »Schmücke dich, o liebe Seele« mag als Beispiel dienen. Mit dieser Aufforderung wird der ganze Mensch angesprochen. Er soll das, was ihn an der Begegnung mit Gott hemmt und hindert, beiseite lassen und sich so darauf einstellen, Gott im Abendmahl zu begegnen.

Nach dieser Vorbemerkung wollen wir versuchen, das moderne Menschenverständnis mit Hilfe eines Schemas verständlich zu machen, das aus fünf Ebenen besteht:

Ganzheitsbezug

Soziale Beziehungen

Nervensystem

Organe

Chemische Prozesse

Die mittlere Ebene wird durch das Nervensystem repräsentiert. Darunter denken wir uns zwei Ebenen, die der Organe und der chemischen Prozesse, die sich im Organismus abspielen. Oberhalb der mittleren Ebene denken wir uns ebenfalls zwei Ebenen, die unsere sozialen Beziehungen (zu den Eltern, Kollegen usw.) bzw. unsere Beziehung zur »Ganzheit« darstellen. Der zuletzt genannte Begriff verlangt eine Erläuterung. Jeder Mensch erlebt früher oder später Situationen, in denen er einsam ist und in denen er alles, was nicht er selbst ist, als eine Ganzheit erfährt (wie z. B. das »Leben«, den »Tod«, der sich drohend nähert, »das Teuflische« – alles ist doch teuflisch – als eine für ihn selbst gleichgültige kosmische Maschinerie, oder auch als »Gott«).

Es ist ein und dasselbe Nervensystem, das das Geschehen auf den beiden unteren Ebenen genauso reguliert wie das Verhalten des Menschen, wenn es um die Mitmenschen und seine Verhaltensweise zur Ganzheit geht. Soweit es sich um das Geschehen auf den beiden unteren Ebenen handelt, sind die Verhaltensmuster für die Eingriffe des Nervensystems »angeboren«; soweit es jedoch um die beiden höheren Ebenen geht, muß das Nervensystem erst mit Verhaltensmustern und Vervollständigungsmaterial aufgeladen werden, damit der Mensch »funktionieren« kann.

Was hier mit Verhaltensmuster gemeint ist, wollen wir etwas verdeutlichen. Es gibt Menschen, die blind auf die Welt kommen, aber nach einer Operation ihr Sehvermögen erhalten. Was sieht nun einer nach einer solchen Operation? Ein Chaos von durcheinanderwirbelnden Farben.

Erst nach einer langen Übungszeit lernt er die Gegenstände zu sehen, die ihn umgeben. In diesem Fall hat er die Muster von Wirklichkeit mit Hilfe des Tastvermögens seiner Hände erworben, die bisher verschiedene Gegenstände abtasteten und ergriffen. Diese Muster sind jedoch nicht wie bei normalen Menschen mit den Impulsen zusammengeordnet, die das Gehirn aus den Empfangszellen im Auge erreichen. Das muß zunächst während der Übungszeit geschehen bis zu dem Augenblick, da der ehemals Blinde eines Tages sagt: »Aha, nun verstehe ich, man kann sehen, wie sich etwas anfühlt, was man greifen will.«

So nehmen wir etwa beim Lesen nur ein paar Buchstaben in einem Wort wahr, den Rest füllen wir auf, weil unser Gehirn über Muster für dieses Wort verfügt. Ein Schwede kommt an einen Zeitungsstand und sagt: »Verzeihen Sie, Aftonbladet hätte ich gern.« Ergebnis: er erhält zwei Exemplare Aftonbladet. Warum? Der Verkäufer hat in diesem Augenblick einige aktuelle Muster parat, »Aftonbladet« und »Expressen«. Dagegen hat er in seinem Bewußtsein keine Muster für Höflichkeitsphrasen, von denen er nicht mehr als den Laut »zeih« auffängt. Dieser Laut wird vom Gehirn zu dem am häufigsten frequentierten Muster hingeleitet, in das er paßt, und das ist in diesem Falle: zwei.

In unserem Beispiel handelt es sich allerdings um recht einfache Muster. Wenn es dagegen um unsere Beziehungen zu den Mitmenschen sowie um unsere Beziehung zur Ganzheit geht, sind solche Muster wesentlich komplizierter, aber das Prinzip ist das gleiche. Die Aktivität des Gehirns – des Nervensystems – ist darauf ausgerichtet, ein Verhaltensmuster für die Situation zu finden, in der der Mensch sich vorfindet. Wenn dies nicht gelingt, d. h. wenn einem Menschen Muster für die Situation fehlen, in die er geraten ist, tritt ein Zustand ein, den wir als Angst bezeichnen. Angst kann somit als ein Zustand definiert werden, der dann eintritt, wenn einlaufende Impulse vom Gehirn nicht zu einem sinngebenden Muster weitergeleitet werden können.

Mit der Betrachtung eines klinischen Falls wollen wir einmal zeigen, was das moderne Menschenverständnis eigentlich bedeutet. Eine Dame leidet an Tuberkulose. Es ist also ein *Schaden auf der organischen Ebene* aufgetreten. Dieser Schaden erfährt eine erstklassige Behandlung, eine Heilung stellt sich jedoch nicht ein. Nun wird die Patientin auf eigenen Wunsch zu einem Psychiater geschickt, der herausbekommt, daß ihre sozialen Beziehungen ziemlich verworren sind. Mit ihren Mitmenschen lebt sie seit langem in schweren Konflikten. Nach mehreren Besprechungen entwickelt die Patientin ein so großes Vertrauen zum Psychiater, daß die etwa Vierzigjährige von Ereignissen berichtet, die ihr mit zwanzig Jahren zugestoßen sind. Sie war in einer katholischen Familie erzogen worden und hatte bis zu ihrem 20. Lebensjahr fleißig die Messe besucht und war auch zur Beichte gegangen, bis sie in einer Pension mit einem sehr intelligenten und charmanten Mädchen aus dem Ausland zusammentraf, die sie wegen ihres katholischen Glaubens und ihrer Frömmigkeitspraxis verspottete. Die Folge war, daß sie ihren katholischen Glauben aufgab. Der Psychiater schickte sie daraufhin zu einem Beichtvater. Die Patientin kehrte freudig zu ihrem Psychiater zurück: ihr Leben hatte wieder einen Sinn, sie konnte das Alleinsein mit der Ganzheit ertragen, die bei ihren Gebeten die Züge Gottes annahm. Sie begab sich wieder in das Sanatorium, wo man feststellte, daß der Schaden geheilt sei.

Wir sprechen hier also nicht von einem »seelischen Geschehen«, das von einem »körperlichen« beeinflußt wurde, sondern stellen Veränderungen fest, die die Situation des ganzen Menschen betreffen. Eine besonders wichtige Veränderung hat sich auf der Ebene der sozialen Beziehungen vollzogen: Die Patientin hat einen guten Freund gewonnen, den Psychiater, der sich alle ihre Kümmernisse anhört, und von dem Augenblick an, da sie mit ihm über ihre Konflikte sprechen kann, verändern sich ihre Beziehungen zu »den anderen«. Sie findet Muster für den Umgang mit ihnen und braucht keine Angst mehr davor zu haben, ihnen zu begegnen. Was die Ganzheit betrifft, so ist hier eine noch viel wichtigere Veränderung zu verzeichnen. Statt nunmehr bewußt in einer sinnlosen Welt zu leben und sich unbewußt – in ihrem Gehirn lebt nach wie vor das katholische Frömmigkeitsmuster – vielleicht selbst in die Hölle zu verdammen, kann sie nun wieder in der Ganzheit Gott begegnen und beten. Das bedeutet eine Entlastung ihres Nervensystems, das nun das Geschehen auf den beiden unteren Ebenen wieder zufriedenstellend regeln kann, wodurch die Heilung erfolgt. Die Ungereimtheiten sind verschwunden. Dabei handelt es sich um ein und dasselbe Nervensystem, das diesen einen Vorgang reguliert, aber gleichzeitig auch alle sonstigen Aktivitäten des Organismus. Was verändert wurde, sind die Beziehungen des ganzen Menschen zu seinen Mitmenschen und zum Leben als Ganzheit. Diese Veränderungen ziehen die Heilung nach sich.

Die Psychiater haben festgestellt, daß vielen Menschen zufriedenstellende Muster für ihre Beziehung zur Ganzheit fehlen. Das bedeutet, daß sie immer wieder in Angst versetzt werden. Um sich davor zu schützen, greifen sie nach Betäubungsmitteln, Schlafmitteln oder Stimulantien, die ihrerseits wieder eine Verwirrung der chemischen Prozesse bewirken, so daß es für das Nervensystem noch schwieriger wird, die Beziehungen zu den Mitmenschen zu klären, was wiederum eine erneute Belastung des Nervensystems bedeutet. Solche Menschen werden ernstlich krank. Es hilft gar nichts, das chemische Gleichgewicht wieder herzustellen oder die sozialen Beziehungen zu verbessern. Das Problem dieser Menschen ist, den Sinn ihres Lebens zu finden.

Aber dazu die Schilderung eines anderen Falls: Bei einer Frau, die die Sprechstunde eines Psychiaters aufsucht, zeigt sich zunächst eine Störung auf der Ebene der Sozialbeziehungen. Sie hat die Vorstellung, daß alle sie verfolgen und böse Pläne gegen sie schmieden. Dann wird sie von religiösen Skrupeln befallen – von allen Mustern aus der religiösen Tradition, die ihr Gehirn erfaßt hat, werden nur diejenigen aktualisiert, die sich auf Sünde und Verdammnis beziehen. Es erweist sich als ganz unmöglich, sie durch Worte zu beeinflussen. Selbst ihren nächsten Angehörigen gelingt es nicht, sie zu beruhigen. Der hinzugezogene Pfarrer verweist sie auf alle Verheißungen des Evangeliums über Vergebung und Frieden, doch dies bleibt ohne Wirkung.

Im Krankenhaus kümmert sich der Arzt um die Patientin. Seine Therapie greift auf der Ebene der chemischen Prozesse ein, indem er dem Organismus gewisse Stoffe zuführt. Indem er das Nervensystem der Patientin überdies noch durch Elektroschocks beeinflußt und die medikamentöse Behandlung fortsetzt, verändert er den Organismus, und das Überraschende geschieht: eines Tages läßt die Patientin mit sich reden. Die Beziehungen zu den Mitmenschen werden normal. In diesem Fall war es nicht der Mangel an Mustern für die Beziehungen zur Ganzheit, der die Krankheit verursacht hatte, sondern eine Störung im chemischen Gleichgewicht des Organismus, wodurch die Funktionen des Nervensystems beeinträchtigt wurden, so daß es die Beziehungen zu den Mitmenschen und das Verhältnis zur Ganzheit nur mit einer Art von Mustern gestalten konnte, nämlich mit den Mustern der Verfolgung und Verdammnis.

Beobachtungen und Überlegungen dieser Art haben bei vielen die Einsicht geweckt, daß Pfarrer und Ärzte zusammenarbeiten müssen. Die Ärzte haben verstanden, daß die Religion eine wichtige Funktion hat, auch in bezug auf die Gesundheit des Organismus. Eine sinnvolle Beziehung zur Ganzheit gehört zu den Voraussetzungen der Gesundheit. Und die Pfarrer haben eingesehen: Um diese Beziehung als sinnvoll zu erleben, reicht es nicht aus, dem Menschen nur Verhaltensmuster anzubieten. Sein Nervensystem muß vielmehr in der Lage sein, die eingehenden Impulse mit den richtigen Mustern zu verbinden, und dies kann nicht geschehen, wenn das chemische Gleichgewicht des Organismus gestört ist.

Es scheint mir, als ließen sich die Aufgaben des Pfarrers bzw. des Arztes recht deutlich voneinander abgrenzen. Hier möchte ich mich nur über die Aufgabe des Pfarrers äußern. Sie muß eine dreifache sein: 1. den Menschen mit Mustern für seine Beziehung zur Ganzheit zu versehen. Dies muß in ähnlicher Weise wie bei dem Blindgeborenen geschehen, der nach der Operation sehend geworden ist, und den der Therapeut mit Mustern versieht. Das geschieht 2. dadurch, daß er den Menschen lehrt, die vom täglichen Leben hereinkommenden Impulse mit den richtigen, religiösen Mustern zu verbinden. Wenn der Pfarrer nun feststellt, daß der Mensch nur ganz einseitig bestimmte Muster aufgreift und andere nicht anzuwenden vermag, so daß seine Beziehungen zu den Mitmenschen durcheinander geraten und er sich ohne einleuchtenden und erkennbaren Grund nur noch verdammen und verurteilen will, dann muß er ihn 3. zum Arzt schicken. Wenn ein Pfarrer die religiöse Tradition zu vermitteln sucht, stößt er natürlich auf viele Schwierigkeiten. Das kann auf zwei großen Komplexen beruhen, die wir unter dem Thema »Die Einseitigkeit der Theologie« bzw. »Die Erlebnisse der frühen Kindheit« zusammenfassen können.

Die Einseitigkeit der Theologie besteht darin, daß sie die christlich-biblische Tradition als den Bestandteil einer intellektuell-systematischen Lehre betrachtet und das Verständnis dafür fehlt, daß sie gleichzeitig ein großes »Rollensystem« bildet. Erst wenn der Mensch einige dieser Rollen für sich aufgenommen hat, beispielsweise die Rolle

Gott und die damit gewonnene Erfahrung, kann er überhaupt ahnen, wovon die Lehren eigentlich handeln.
Wir wollen nun verdeutlichen, was mit den Rollen gemeint ist. Ein junger Mensch ist etwa Sohn oder Tochter, Kamerad oder Schüler. Als Sohn verhält er sich nach bestimmten Verhaltensweisen und spielt darin die Rolle Sohn. Aber zugleich mit der Sohnesrolle nimmt er beispielsweise auch die »Vaterrolle« auf, d. h. er erwartet, daß der Vater sich in einer bestimmten Weise zu ihm verhalten wird, die er zuvor an ihm beobachtet hat. Wenn man eine bestimmte Rolle übernimmt, nimmt man auch die Rolle des Gegenspielers, des Partners, auf, d. h. man hat ganz bestimmte Erwartungen dessen, was geschehen wird. Der Sohn kann aber z. B. seine Sohnesrolle verlassen und in die Rolle des Kameraden umsteigen, und sich dann in ganz anderer Weise verhalten. Diese verschiedenen Rollen können zueinander in Harmonie stehen, so daß der Sohn sich dessen nicht zu schämen braucht, was der Kamerad tut und umgekehrt. Das Verhältnis kann aber auch so beschaffen sein, daß der Sohn nicht gern will, daß sein Vater den »Kameraden« kennenlernt und noch weniger, daß die Kameraden »Papas netten Jungen« kennenlernen. Nun gibt es eine ungeheure Menge von Rollen, Berufsrollen, Gestalten in Büchern, Theaterstücken, Filmen usw., die ein Mensch für einen Augenblick übernehmen kann, darunter auch religiöse Rollen. Die Bibel enthält sehr viele Berichte über Menschen, die eine Begegnung mit Gott bzw. Christus hatten. Wir können einige dieser Rollen übernehmen. In dem Augenblick, wo dies geschieht, nehmen wir auch die Rolle »Gott« auf, d. h.

wir spielen diese Rolle nicht, sondern wir empfangen bestimmte Erwartungen in bezug auf das, was Gott tun wird, und diese Erwartungen sind nicht willkürlich, weil Gott sich den Menschen in einer tausendjährigen Geschichte dargeboten und durch eine Person, nämlich durch Jesus Christus, mit und an den Menschen gehandelt hat. Alles, was die Bibel über Gott sagt, wird zu einem gewaltigen Muster und auf eben dieses Muster und seine Teilmuster werden die zum Gehirn dringenden Impulse geleitet, wenn ein Mensch die Rolle Gott aufgenommen hat.

Alles, was uns beeinflußt, kann somit »Gott« sein. Daß es jedoch als Gott erlebt werden kann, beruht darauf, daß der einzelne durch die Bibel die Rolle »Gott« kennengelernt hat. Gott tritt für den Menschen aus dem Erlebbaren hervor. Wenn dies geschieht, existiert die Welt nicht mehr. Sie tritt erst wieder hervor, wenn die Impulse von dem Erlebbaren zu ganz anderen Mustern hingeführt würden, zu einfacheren wie denen der Hand, oder auch zu komplizierteren, wie denen der Naturwissenschaften. Das kann bereits ein betendes Kind begreifen, ohne daß es sich in seiner Sprache oder mit philosophischen Begriffen Rechenschaft von diesem Sachverhalt geben könnte. Aber nicht alle Kinder, die der religiösen Tradition begegnen, beten in rechter Weise, sie können es nicht aufgrund bestimmter Kindheitserlebnisse. Wenn solche Kinder schulpflichtig werden, lernen sie die religiöse Tradition zunächst in der Form von Geschichten kennen, allmählich aber auch in der Form der Lehre. Andererseits lernen sie aber auch die verschiedenartigen Beschreibungen der Wissenschaft. Es gibt viele Rollen und viele Weisen, die Dinge zu beschreiben, doch es gibt nur ein Gehirn, und dieses ist bestrebt, den gesamten Stoff, der ihm zugeführt wird, zu einer sinnvollen Ganzheit zusammenzuordnen. Man stelle sich nun einen großen Raum vor, in den hinein das Kind Gott plaziert. Dieser Gott muß gleichsam von einer Wohnung in die andere ziehen, und zwar immer weiter weg, je mehr das Kind von der Welt lernt, bis es schließlich überhaupt keinen Platz mehr für Gott gibt. Die Schlußfolgerung heißt dann: Gott gibt es nicht, die biblischen Berichte sind Legenden und die eigentümlichen Bruchstücke aus den theologischen Systemen, die das Kind vielfach aufgeschnappt hat, sind ein einziges Sammelsurium.

Wie kann der »Glaube« mit der Wissenschaft zusammengehen? Die Antwort ist einfach. Für das betende Kind gehen sie zusammen. Es hat Gott als eine Person kennengelernt und weiß, daß er dann und wann aus dem Erlebbaren, wo er sich verbirgt, hervortritt. Es weiß, daß Gott nicht irgendwer ist, der sich in einem Raum aufhält, sondern daß der Raum verschwindet, wenn Gott da ist. Es weiß, daß ihm das Erlebbare unter verschiedenen Gestalten begegnet, aber es kann dies anderen nicht erklären, weil es keine Begriffe und Denkweisen gelernt hat, die ihm dies ermöglichten.

Die anderen erhalten jedoch keine Antwort, wenn sie kommen und fragen, wie Gott sich zur Welt verhält und wie die Welt sich zu Gott verhält. Vielleicht wird man ihnen sagen, hier dürfe man eben nicht denken, es gelte vielmehr wider alle Vernunft zu glauben. Aus solchen Ratschlägen ziehen die meisten den Schluß, bei der Religion handle es sich um etwas, das seine besten Tage hinter sich habe, etwas, das ein moderner Mensch nicht festhalten könne. Auch die Theologie hat weitgehend nicht begriffen, daß die religiöse Tradition aus einem Rollensystem besteht. Sie hat sich nicht dafür interessiert, wie Erlebnisse, psychologisch gesehen, organisiert sind. Viele Pfarrer, die in einem intellektuellen Lehrsystem befangen sind oder die die simplen »Muster der Hände« oder der Naturwissenschaften einfach auf die religiöse Tradition anwenden, können daher den suchenden Menschen keine helfende Wegweisung geben.

Der Pfarrer hat immerhin seine Rolle als Pfarrer, in die er »zurückfallen« kann und die ihn trägt. Vielleicht wird er diese Rolle immer mehr als die »Verkündigung der reinen Lehre« begreifen (ob er das nun orthodox oder – noch irreführender – gesellschaftlich oder wissenschaftlich versteht). Er kommt mit der Forderung zur Unterwerfung, die zur Opposition herausfordert. Um ihm sammelt sich eine kleine Gruppe von Menschen, die kurz gesagt die ganze religiöse Beziehung auf das »Anhören der (bzw. seiner) reinen Lehre« reduziert.

Für Pfarrer dieser Art und die Gruppe ihrer Zuhörer ist die Religion eigentlich eine Last, die sie jedoch tragen, weil sie sie vor der Sinnlosigkeit schützt – später nach dem Tode soll es ja einmal anders werden. Wenn Zweifel sie anficht, fliehen sie davor, um dann anderen nur um so eifriger die reine Lehre aufzuzwingen. Sie können für diese Verhaltensweise nicht beschuldigt werden. Sie hat sich ihnen als Folge komplizierter historischer Prozesse aufgezwungen.

Aber es gibt auch Pfarrer von anderer Art. Pfarrer, die selbst die Schwierigkeiten begriffen haben, von denen sie gequält wurden, die keine Lösung für diese Frage finden konnten. Aber sie haben Gott aus persönlicher Erfahrung als eine lebendige Person kennengelernt. Für sie bedeutet darum der lebendige Gott mehr als die »reine Lehre«. Trotz der Einseitigkeit der Theologie haben sie die Rollen gefunden, sie übernommen und dadurch ihre Erfahrung ausgeweitet. Mit solchen Pfarrern können sich viele Menschen identifizieren und indem sie diese Rollen der Pfarrer übernehmen, nehmen auch diejenigen, die sich um solche Pfarrer scharen, Gott als ihren Partner auf. Ihr Leben wird zu einem Gottesverhältnis mit lebendiger Erfahrung, die Liturgie der Kirche zu einer Sprache, durch die ein lebendiger Gott zu ihnen redet. Die Feste des Kirchenjahres werden zu einer Kraft, die den Alltag, die Welt und die Wissenschaft aufhebt und zur Ganzheit vervollständigt. Diese Menschen haben die klare Erkenntnis, daß uns das Erlebbare unter verschiedenen Gestalten begegnet. Wenn es um die »Teile« geht, den Arbeitsbereich des Alltags, sehen solche Menschen alles mechanisch und wissenschaftlich an, aber wenn es um die »Ganzheit« geht, dann dürfen die religiösen Muster der Wirklichkeit Gestalt geben.

Ein solcher Mensch kann gelegentlich, wenn er allein ist, seinem Gott begegnen, der aus dem Erlebbaren hervortritt und plötzlich vor ihm Gestalt gewinnt. Er denkt nicht darüber nach, wie dies zustande gekommen ist, er hat keine Begriffe oder Worte für den Zusammenhang, aber durch seine Art zu wirken und zu sein, bietet er nun seinerseits dem Mann oder der Frau, der Tochter oder dem Sohn eine Rolle an, die diese übernehmen können und durch die sie ihrerseits in die Gottesgemeinschaft einzutreten vermögen.

Ich habe mir viele Jahre lang die Berichte von Menschen über ihre eigene Entwicklung angehört und weiß, daß es sich so verhält.

Die Religion kann zu einer schrecklichen Bürde werden – und das gilt natürlich auch für nichtreligiöse Systeme der Welterklärung und für Weltanschauungen –, die der Mensch früher oder später über Bord wirft. Wie sieht es unter solchen Umständen mit seiner Beziehung zur Ganzheit aus? Er sucht die Sinnlosigkeit oft dadurch zu überwinden, daß er die Religion bekämpft, die ihm zuvor eine solche Pein und Plage gewesen ist, und er glaubt dabei, das »Leben« auf seiner Seite zu haben. Sein Verhalten mag ruhig und vernünftig erscheinen, sobald aber die Rede auf die Religion kommt, wird er gehässig. Normalerweise vermag er nicht zu durchschauen, daß dieses sein Verhalten, sofern er für seinen Teil keine Religion hätte, die er hassen und bekämpfen müßte, nichts als der Ersatz für eine Angst ist, die sonst im Verlauf weniger Jahre seinen ganzen Organismus zerstören würde. In diesem Fall gibt die Religion seinem Leben indirekt einen Sinn und schützt so das Individuum auf eine recht seltsame Weise vor der Angst.

Die Religion kann auch als ein Gewinn erlebt werden, aber ein solcher Gewinn ist mehr oder weniger gut zu verwalten. Man kann ihn auf eine allgemeine Stimmung reduzieren, auf Freundlichkeit gegenüber Pfarrern und

Kirche, auf einige wenige Gottesdienstbesuche und gelegentliche Gebete. Die Hauptsache ist jedoch, ein tüchtiger Geschäftsmann zu sein. Das ist die beste Art, Gott zu dienen. Die Berufsrolle wird zur zentralen Rolle, erst danach kommt die Rolle als Sohn oder Tochter, als Mutter, Ehefrau, Vater oder Ehemann. Irgendwo an der Peripherie der Persönlichkeit findet sich dann auch noch die Rolle, Partner Gottes zu sein. In der nächsten Generation kann es zum Abbruch des Kontaktes zur religiösen Tradition kommen, dann sind die einzelnen vom Gottesverhältnis ausgeschlossen. Die »Ganzheit« wird jetzt in eine Weltmaschinerie verwandelt, die sich um den einzelnen nicht mehr kümmert, sie führt auch zu einem anonymen »Leben« oder einem ebenso anonymen Tod. Man nimmt jeden Tag, wie er kommt. Es geht halt solange, wie es geht, mit den sogenannten psychischen Belastungen als ständige Begleitung oder mit der einen oder anderen Krankheit, in die man fliehen kann für den Fall, daß man einmal der Ganzheit einsam ausgesetzt ist, trotz Job, Rockmusik, Schlafpulver oder Weinbrand, Kino oder Tanzabend. Kinder, die in Familien geboren werden, in denen sich die Eltern so verhalten, haben nur geringe Chancen, mit der religiösen Tradition vertraut zu werden, so daß sich ihr Leben als ein Gottesverhältnis gestalten könnte. Während der ersten Schuljahre sind sie an Religion meistens sehr interessiert, wenn sie aber keine naheliegenden Rollen übernehmen können, etwa die eines gläubigen Vaters oder einer Mutter und so ohne eigene religiöse Erfahrung bleiben, verwandelt sich dieses Interesse bald in Gleichgültigkeit oder Abneigung, weil sie niemand darüber informieren kann, wie Gott und Welt sich miteinander vereinen lassen.

Innerhalb der Gruppe, in der die Religion als ein Gewinn erlebt wird, kann jedoch auch etwas ganz anderes geschehen. Das Kind einer betenden Mutter, das ständig von den Gebeten der Eltern begleitet wird, beginnt schließlich selbst zu beten, Gott kennenzulernen. Es betrachtet die »Lehre« mit Mißtrauen und wendet sich »den Rollen« zu. In den Jugendjahren verwirft es vielleicht das ganze Lehrsystem, weil es ihm als veraltet oder unsinnig erscheint, und glaubt, eine neue Reformation sei fällig, ein gereinigter Gottesglaube. Das Kind wird zum Erwachsenen, der in vielen anderen Rollen aufgeht als der des betenden Menschen. Aber eines Tages kommt die Einsicht: das, was mich durch das Leben getragen hat, war mein Verhältnis zu Gott, aber wenn ich ehrlich bin, so habe ich alle anderen Rollen mehr geliebt als die Rolle, Partner Gottes zu sein. Genau dies ist die Sünde, eine nachtschwarze Undankbarkeit und Verlogenheit. Vor Gott und den Menschen habe ich vorgespiegelt, ein anderer zu sein, als der ich bin. Das ist ein Verrat gegenüber Gott.

Wie wurde eigentlich mein Verhältnis zu Gott ins Leben gerufen? Doch dadurch, daß die Kirche meinen Eltern die Tradition vermittelte. Wie wurde die Kirche ins Leben gerufen? Durch Christus, der sein Leben am Kreuz dahingab, um der Welt das Leben zu geben, das auch mich getragen hat.

Wer einmal eine neue Reformation anstrebte, einen »gereinigten Gottesglauben«, gelangt nun dahin, sich immer mehr in die Lehre der Kirche und das Wort der Bibel zu vertiefen. Christus hält ihn gefangen. Das Gottesverhältnis wird intensiviert. Er beginnt, das Leben und die Welt mit den Augen des Heilands zu sehen. Er hört auf seine Stimme: »Gebt ihr ihnen zu essen.« – »Gehet hin und tut desgleichen.« – »Solches tut zu meinem Gedächtnis.« Und nun merkt er, wie wenig er früher vom Tode, vom Leiden und der Not in der Welt gesehen hat. Kurz gesagt, aus einer äußerlichen, selbstbezogenen und subjektiven Aneignung der christlichen Tradition lebt sich der Mensch immer tiefer in sie hinein. Er kann dies, weil er Gottes Gnade erfahren hat, die ihm half, den Weg des Gebets zu finden. Er weiß auch aus eigener Erfahrung, was es mit Undankbarkeit, Verlogenheit und fehlendem Trost auf sich hat. Das Wort Sünder hat jetzt für ihn eine sehr klare Bedeutung. Er weiß, daß er Gott nicht über alle Dinge geliebt hat und seinen Nächsten nicht wie sich selbst. In diesem Fall war zuerst die Erfahrung da. Niemand hat von ihm verlangt, daß er schon mit 15 Jahren verstehen sollte, was er erst mit 40 zu begreifen lernte. Sein Bekenntnis zur Lehre ist ein echtes Bekenntnis, weil er es sich nicht wider die Vernunft aufzwingen ließ. Nun ist im Credo die tiefste Erfahrung seines Lebens zusammengefaßt.

Wenn es um die Religion geht, so nötigt uns das moderne Bild vom Menschen dazu, den sozialen Beziehungen in unserer Kindheit und Jugend weit größere Aufmerksamkeit zuzuwenden als bisher. Die Zeit, in der man die Seele als religiöses Organ betrachten konnte, ist vorbei.

2. Der Glaube in psychologischer und theologischer Beleuchtung

Von der norwegischen Kirchenakademie erhielt ich eine Einladung, über das Thema »Der Glaube in psychologischer und theologischer Bedeutung« zu sprechen. Worauf es meinen Auftraggebern ankam, zeigen die folgenden Zeilen des Einladungsschreibens:

»Es ist ja bekannt oder stellt sich jedenfalls so dar, daß die Psychologie die Phänomene, die wir als Glauben bezeichnen, auflöst und auf Gefühle, Bedürfnisse oder dergleichen reduziert. Für viele Menschen ist diese einfache Operation ein großes Problem, denn was bleibt eigentlich vom Glauben übrig, wenn alle psychologischen Faktoren verschwinden? Ist denn überhaupt etwas anderes da als Psychologie und wenn ja, was? Man glaubt, auch die Theologie benötige in hohem Grade eine Grenzziehung sowie ein Durchdenken des gesamten Glaubensbegriffs und seines Verhältnisses zu unseren allgemeinen psychischen Funktionen.«

Ich meine, die Verfasser des Briefes haben in manchen Stücken recht. Es hat Psychologen gegeben, und es gibt sie noch, die den Glauben oder, wie sie lieber sagen, die Religion als eine Krankheit deklarierten, deren Entstehungsgeschichte sie im einzelnen glauben klarlegen zu können. Wenn sie recht hätten, so wäre es doch sehr merkwürdig, daß die Menschheit seit ihrer allerältesten Zeit mit dieser Krankheit behaftet sein soll und diese keinerlei Tendenz zeigt zu verschwinden. Ich hoffe sehr, daß mir eines Tages die Mittel für eine Untersuchung zur Verfügung stehen, wie oft die Religion in Frankreich oder anderswo von 1780 bis 1880, bis 1908 oder bis zu irgendeinem anderen Zeitpunkt für tot erklärt wurde. Das würde eine sehr interessante Statistik ergeben. Jedesmal wenn eine solche Todeserklärung erfolgte, kam es in der Regel hinterher zu neuen Frömmigkeitsbewegungen. Ungefähr zur gleichen Zeit, als das kommunistische Manifest veröffentlicht wurde, gab es die Marienerscheinungen in Lourdes, die viele Menschen bewegten und im damals positivistischen Frankreich als entsetzlicher Skandal empfunden wurden usw. Wenn beispielsweise 95 % der Bevölkerung der Vereinigten Staaten sagen, daß sie an Gott glauben, fällt es einem doch recht schwer hinzunehmen, daß diese 95 % krank und nur 5 % gesund sein sollen. Das ist einleuchtend. Es ist jedoch mein Eindruck, daß die Theologie einen kräftigen Teil dazu beigetragen hat, daß die Forscher überhaupt zu einer solchen Meinung gelangten, denn der Glaube wird zumindest scheinbar oft so definiert, daß er ganz und gar außerhalb des Bereichs zu fallen scheint, der zum Gegenstand psychologischer Untersuchungen werden kann. Wir können daran erinnern, was Luther einmal in einer seiner Tischreden (WA 5 2 4 5) über den Glauben äußerte: »Der Glaube ist ein Ding im Herzen, das sein Wesen für sich selbst hat, von Gott gegeben als sein eigen Werk.« Diesen Satz kann ich durch die Meinung des holländischen Theologen van Niftrik erhärten, die er in seiner »Kleinen Dogmatik« bekundet. Ich zitiere nämlich zu meinem Thema lieber Holländer und Kalvinisten, um ein Abgleiten in interne lutherische Fragen zu vermeiden. Meines Erachtens bekommen wir einen freieren Blick, wenn wir Auffassungen anderer Gruppen von Christen heranziehen, die bei uns in Skandinavien fast nicht vorkommen. Wir können dann, jeder für sich selbst, Reflexionen anstellen und Parallelen ziehen. Van Niftrik sagt, daß der Glaube durch den Heiligen Geist geschenkt wird, und zwar von Gott selbst in unserem Herzen. Darum ist der Glaube eine neue Schöpfung, ein Wunder Gottes, und darum kann er nicht mit Hilfe psychologischer und ethischer Kategorien beschrieben werden.

Wenn es sich wirklich so verhielte, wenn man dies buchstäblich nähme, würde das bedeuten, daß wir überhaupt keine religiöse Unterweisung, Erziehung oder keine Mission benötigen. Alles würde vom Gnadenwirken in unserem Herzen abhängen, von dem die Theologen sprechen. Aber das kann van Niftrik wohl kaum meinen. Er zielt offenbar auf etwas anderes ab. Ich möchte in diesem Zusammenhang daran erinnern, was Karl Barth zu seiner Zeit erklärte, als er sich 1923 in der »Christlichen Welt« mit Adolf v. Harnack auseinandersetzte: »Ich unterscheide den Glauben als Gottes Werk an uns von allen bekannten und unbekannten menschlichen Organen und Funktionen, auch von unseren sogenannten Gotteserlebnissen.« Dem ist nichts hinzuzufügen. Der Glaube ist also nach der Meinung mancher Theologen etwas, was die Psychologie niemals und unter keinen Umständen in den Griff bekommen kann, ein göttliches Wunder. Manche Psychologen halten dieses göttliche Wunder für einen einzigen menschlichen Selbstbetrug. »Wir müssen«, so der englische Psychologe Cattle, »mit klarem Blick die wichtigsten Resultate der Psychoanalyse akzeptieren. Die religiöse Einstellung kann als eine einmalige Anhäufung von Fluchtversuchen und Selbstbetrug angesehen werden, die sich um eine vorherrschende Illusion bewegen. Diese vorherrschende Illusion ist ein Reflex kindlicher Verhaltensweisen und behält ihren Bestand nur aufgrund der emotionalen Unreife der meisten Erwachsenen.« Es ist interessant, was Cattle über die vorherrschende Illusion zu sagen hat. In »Psychology and the Religious Quest« (1938) heißt es: »Wenn das Kind den Status des Erwachsenen erreicht, wird es allzubald desillusioniert über die Auffassungen der unbegrenzten Macht der Erwachsenen, ihrer Freiheit und ihrer Privilegien ... Die tiefere, unbewußte Schicht des Menschen sehnt sich aber beständig nach der Geborgenheit und dem geschützten Status, den er als Kind in der Hingabe an einen allmächtigen Vater genossen hat, und früher oder später beginnen seine bewußten Systeme von Ideen dem unablässigen Druck seiner inneren primitiven Bedürfnisse nachzugeben. Der Mensch erfindet für sich dasselbe, was er von einer in gleicher Weise unvollkommenen Gesellschaft empfängt: die tröstliche Illusion von einem Gott im Himmel, der die Züge des irdischen Vaters, gleichwohl vergrößert und verherrlicht, trägt. Es wird kaum nötig sein darauf hinzuweisen, daß die Götter aller Völker die Qualitäten besaßen, die ihren Vätern und Kulturen eigen waren.«

Der Glaube, so erklären nun gewisse Theologen, ist ein göttliches Wunder, das keine Psychologie zu erfassen vermag. Bei manchen Psychologen dagegen heißt es, der Glaube sei eine kindliche Einstellung zum Dasein, die sich auch Erwachsenen aufzwingt, weil sie sich auf ihnen selbst unbewußte innere Bedürfnisse gründet, deren eigentliche Art sie nicht zu durchschauen vermögen. Ich habe also mit einigen Zitaten versucht, das Problem klarzulegen, das in dem anfangs zitierten Brief angedeutet wurde.

Wenn wir nun versuchen wollen, uns mit diesem Problem auseinanderzusetzen, müssen wir uns leider auf einige Anmerkungen beschränken. Psychologen wie Cattle haben nie begriffen, daß es eine religiöse Erfahrung im gleichen Sinne gibt, wie es Erfahrungen gibt, auf die sich Physiker und Chemiker berufen. Erfahrung zu haben, bedeutet vorwegnehmen, vorgreifen zu können. Wenn wir Voraussagen machen können in bezug auf das, was unter gewissen Bedingungen geschehen wird und dies wirklich eintrifft, dann sind wir der Auffassung, damit eine Erfahrung gemacht zu haben. Wir sind von der Erfahrung anderer ausgegangen, aber wenn unsere Voraussage bestätigt wird, so wird diese Erfahrung anderer zu unserer eigenen Erfahrung.

Ich habe einmal darüber berichtet, wie ich die Weltereignisse während der Jahre 1934–1947 im Zeichen des 73. Psalms erlebt habe. Wenn ich die übermütigen Stimmen in den Rundfunksendungen der Nazis hörte, so hatte ich immer die Worte des Psalms im Ohr: »Sie brüsten sich wie ein fetter Wanst, sie tun, was ihnen einfällt. Sie achten alles für nichts und reden böse, sie reden und lästern hoch her. Was sie reden, das soll vom Himmel herab geredet sein; was sie sagen, das soll gelten auf Erden.« Voller Befürchtungen fragte ich mich, ob jemals der Tag anbrechen würde, an dem ich mir auch die Worte des gleichen Psalms zu eigen machen könnte: »Wie werden sie so plötzlich zunichte! Sie gehen unter und nehmen ein Ende mit Schrecken. Wie ein Traum verschmäht wird, wenn man erwacht, so verschmähst du, Herr, ihr Bild, wenn du dich erhebst.« Der Tag kam, und ich habe in einem anderen Zusammenhang ausführlich darüber berichtet. Die Erfahrung des Psalmisten von dem Herrn, den er anruft, war mir zu meiner persönlichen Erfahrung geworden, wie sie für Millionen anderer Menschen vor meiner Zeit zur eigenen Erfahrung geworden war.

Cattles Behauptung enthält einen Wahrheitskern. Sowohl der einzelne Mensch als auch menschliche Kollektive können in Wunschdenken verfallen und sich so verhalten, daß die Zeichen eines unreifen religiösen Lebens nicht zu übersehen sind. Die religiöse Reife wächst durch Zweifel, Anfechtungen und durch die Aufnahme von Mustern für die Beziehung zur Ganzheit, von Mustern für die unterschiedlichsten Situationen, in die ein Mensch geraten kann.

Der Fehler an Cattles Theorie ist, daß er nicht mit diesen Mustern rechnet, nicht mit dem gewaltigen religiösen Referenzsystem, daß die Tradition bereithält, und das mindestens so kompliziert ist, wie es Physik oder Chemie nur sein können. Nun sind die Theologen und Psychologen jedoch fehlgeleitet, weil der Begriff der religiösen Erfahrung sich mit bestimmten, zeitbedingten Auffassungen, das religiöse Leben zu studieren, verbunden hat. Ich ver-

weise in diesem Zusammenhang auf die »Analysen« von William James, die »Konstruktionen« von Rudolf Otto oder die sogenannte »Empirische Religionspsychologie« von Karl Girgensohn. Alle diese Versuche gehen von einer Theorie des Gefühls als dem eigentlichen Grund der Religion aus, und diese Theorie erlaubt es dem Forscher nicht, wichtige und interessante Tatsachen zu beachten. Es ist stets dasselbe, in welcher Wissenschaft auch immer: Man hat eine Theorie und innerhalb der Materie, die man erforscht, unterscheidet man zwischen den Fakten, die einem die Theorie zu sehen erlaubt, und solchen Fakten, die man einfach nicht wahrnimmt. Ändert sich jedoch die Theorie, weil einer mißtrauisch wird, ob es sich auch so verhält, wie man bisher gesagt hat, so hat man alsbald neue Fakten zur Hand.
Wenn beispielsweise Flügel schreibt, daß die Religion die Menschen davon befreie, zu schwachen und hilflosen Marionetten von Zufall oder Schicksal zu werden, dann gebraucht er zwei Worte, zwei Begriffe, die äußerst bemerkenswert sind, nämlich Schicksal und Zufall. Damit kommt etwas zum Ausdruck, das der Mensch im Geschehen selbst erfährt, äußerliche Markierungen von etwas, das sich ereignet und geschieht und das existiert. Der Psychoanalytiker will uns glauben machen, daß seine Bezeichnung dieses Ereignisses und Geschehens mit den Worten Schicksal und Zufall die einzig zulässige sei, daß aber die Verarbeitung dieser Fakten durch fromme Menschen als etwas Krankhaftes angesehen werden müsse. Um das Pathologische in den Verarbeitungen der Frommen hervorzuheben, pflegt man von Projektion zu sprechen. Man

setzt voraus, daß wir uns den Menschen als ein photographierendes und registrierendes Wesen vorstellen, aber schon das geringste Nachdenken führt zu der Erkenntnis, daß der Mensch seinem ganzen Wirken nach in ebenso hohem Maße ein projizierendes Wesen ist. Wenn ein Blindgeborener durch eine Operation das Augenlicht erhält, so sieht er zunächst nur ein Chaos von umherwirbelnden Farben. Erst nach langer Übung kann man ihn dahin bringen, die Welt der Gegenstände und Dinge so zu sehen wie die übrigen Menschen. Wie kommt es dazu? Bisher konnte er die Muster nur mit Hilfe von Händen und Füßen aufnehmen. Die Muster sind zu einer Art Code übersetzt worden und liegen nun eingelagert in seinem Gehirn, um eine J. Z. Young entlehnte Formulierung zu benutzen. Durch Übung gelingt es dann, das, was das Auge an Farbe, Licht und Schatten registriert, mit den früher aufgenommenen Mustern zu verbinden, so daß sie später durch das Auge ausgesandt werden können. Wenn der ehemals Blinde dann sieht, wie wir sehen, werden die Muster von Hand und Fuß projiziert, so daß er ausschließlich durch das Sehen vorwegnehmen kann, was die Hand greifen und der Fuß betreten wird. Werden diese Vorwegnahmen bestätigt, dann hat der Blindgeborene eine wichtige Erfahrung gemacht.

Projektionen dieser Art werden uns selten bewußt. Die Theorie vom Auge als einer einfachen Kamera hat dafür keinen Platz. Schlägt man in der größten Untersuchung über das Sehen der Säugetiere nach, so berührt es eigenartig, dort nur einen einzigen kleinen Hinweis zu finden, der besagt, daß die Sehnerven auch nach außen führende

Bahnen haben. Was diese Bahnen da aber eigentlich sollen, darüber erfährt man leider nichts. Wenn die Forscher jedoch von der Theorie ausgehen, daß das Auge ein Projektionsapparat sei, so erfahren wir mehr über diesen Sachverhalt. Wir projizieren in jeder Form von Aktivität. Ob es sich dabei um eine kranke oder gesunde Projektion handelt, beruht darauf, was man projiziert, welche Muster zur Projektion zur Verfügung stehen und ob diese Muster Erfahrung, eine Vorwegnahme und ihre Bekräftigung zulassen. Zweifellos gibt es Illusionen. Nun heißt es, daß sowohl die Theologen als auch die Psychologen durch den Begriff der religiösen Erfahrung fehlgeleitet seien. Dieser Begriff läßt an William James denken sowie an seine Art zu argumentieren und von der Psychologie der Wahrnehmung und den religiösen Traditionen als gewaltigen Systemen von Wahrnehmungsmustern absehen.
Wenn van Niftrik und Karl Barth lehren, daß der Glaube nicht mit irgendwelchen psychologischen Termini und Begriffen beschrieben werden kann, dann wollen sie damit sagen, daß der Glaube nicht mit den psychologischen Begriffen und Termini zu definieren ist, wie sie die ältere Religionspsychologie benutzt hat. Das mag vielleicht stimmen, weil die ältere Religionspsychologie nicht beachtet zu haben scheint, daß es sich bei der Religion um eine Relation handelt. Wenn Cattle und viele andere Psychologen der Meinung sind, man könne das religiöse Leben als Infantilismus und den Glauben an Gott als ein Verhältnis zu einem fiktiven Wesen, nämlich zu Gott im Himmel, abtun, so ist dies nicht zuletzt eine Folge davon, daß die Theologen sich so lange fast ausschließlich mit Verbalis-

men befaßt haben, mit dem Gott der Metaphysik, statt mit dem Gott der Religion, sowie mit einem Menschen, den es nur in dogmatischen Handbüchern gibt. Gustaf Wingren hat angedeutet, das Wort Gott müsse eigentlich gegen das Wort »Leben« ausgetauscht werden, damit ein moderner Alltagsmensch verstehen kann, worum es in der Religion eigentlich geht, daß sie nämlich eine Relation zur Totalität enthält. Das Wort Gott hat seiner Meinung nach in der Alltagssprache eine solche metaphysische Belastung, daß es den Menschen nicht sagt, worum es sich in der Religion und im religiösen Leben eigentlich handelt. Ich meine also, daß es auch nicht zum wenigsten an der Art und Weise der Theologen liegt, wie sie über die Religion sprechen, die es den Psychologen so leicht machte, die Religion als eine Illusion abzutun.
Im Jahre 1958 erschien ein zweifellos einseitiges und viele kuriose Behauptungen enthaltendes Buch, das einen recht guten Einblick in diese Lage vermittelt. Sein Titel lautet »Psychologie und Glauben«, sein Verfasser ist J. H. van den Bergh, Professor in Leiden, der eine Perspektive mit großem Geschick herausgearbeitet hat, wie man nämlich durch die sogenannte Innerlichkeit – womit die Verinnerlichung von Luther über das 17. und 18. Jahrhundert bis hin zu Lessing und Schleiermacher gemeint ist – dazu gelangt, daß die Religion eine Art Gefühl, ein reiner sozusagen innerer Gehalt ist, ohne alle äußeren Anknüpfungspunkte. Van den Bergh ist dem Kern des Problems außerordentlich nahe gekommen, doch hat er sich von der Möglichkeit, es zu verstehen, ausgeschlossen, wenn er erklärt: »Das Wahrgenommene ist kein Partner.« Ja, darauf

kommt es an. »Gott«, so heißt es bei ihm, »ist eine Person, die Beziehung zu ihm ist ein Dialog, das kann man aber unmöglich von der Beziehung sagen, die Wahrnehmung heißt. Zweifellos hat die Wahrnehmung den Charakter eines Dialogs, die Wirklichkeit spricht zu uns und wir antworten, doch ist es jedem einsichtig, daß der Dialog, der hier gemeint ist, kein Dialog im eigentlichen Sinn des Wortes ist, das Wahrgenommene ist kein Partner.« Damit sind wir zum Kern des Problems vorgestoßen. Was wir wahrnehmen oder nicht wahrnehmen, beruht ja in höchstem Maße darauf, welches Referenzsystem im Augenblick der Wahrnehmung unser Gehirn beherrscht. Das Wahrgenommene kann dann als Partner erlebt werden, auch wenn sich kein menschliches Wesen in der Nähe des Wahrnehmenden befindet, wenn etwa das dominierende Referenzsystem im Augenblick der Wahrnehmung eine Rolle ist. Hier haben wir einen Punkt erreicht, den wir unter keinen Umständen aus den Augen verlieren dürfen, wenn wir unseren Mitmenschen klarmachen wollen, daß ein religiöses Leben weder Infantilismus noch Illusion zu sein braucht.

Der Begriff der Rolle bedarf der Erläuterung. Ich wage nicht vorauszusetzen, daß alle sich darüber im klaren sind, was dieser Begriff beinhaltet. Zunächst denkt man an das Theater, aber seit etwa 20 bis 30 Jahren, vielleicht sogar seit 60 Jahren, ist Rolle zu einem festen wissenschaftlichen Begriff geworden, der hauptsächlich in der Sozialpsychologie verwendet wird.

Den 73. Psalm kennen wir vermutlich alle. Der Mensch, der dort redet, ist psychologisch gesehen eine Rolle. Wir können uns beim Lesen dieses Psalms in diese Rolle einleben und die Fragen und Reflexionen des Psalmisten zu unseren eigenen Fragen und Reflexionen machen. Wir können aber auch sagen, daß wir, jeder einzelne, die Rolle des Psalmisten übernehmen.

»Ich aber wäre fast gestrauchelt mit meinen Füßen;
mein Tritt wäre beinahe geglitten.
Denn ich ereiferte mich über die Ruhmredigen,
als ich sah, daß es den Gottlosen so gut ging.
Denn für sie gibt es keine Qualen,
gesund und feist ist ihr Leib« (Psalm 73, 2–4).

»Soll es denn umsonst sein, daß ich mein Herz rein hielt
und meine Hände in Unschuld wasche? –
Ich bin doch täglich geplagt
und meine Züchtigung ist alle Morgen da« (Vers 13,14).

»Ja, du stellst sie auf schlüpfrigen Grund
und stürzest sie zu Boden.
Wie werden sie so plötzlich zunichte!
Sie gehen unter und nehmen ein Ende mit Schrecken«
(Vers 18,19).

»Dennoch bleibe ich stets an dir;
denn du hältst mich bei meiner rechten Hand,
du leitest mich nach deinem Rat
und nimmst mich am Ende mit Ehren an« (Vers 23,24).

Ich selbst habe, wie bereits erwähnt, in einem Jahrzehnt meines Lebens, von 1937 bis 1947, eine Identifikation dieses Psalmwortes mit der hier angebotenen Rolle als einem ständig angewandten Referenzsystem erlebt. Eine Rollensituation ist immer dual. Wer eine Rolle übernimmt, hat stets einen Gegenspieler. Ich kann meinem Gegenspieler während dieser zehn Jahre, wenn ich so will, die Zeitläufe nennen, aber sobald mir der Psalm gegenwärtig wurde, verwandelten sie sich für mich in den »Herrn«. So erlebte ich es, als der Chor bei der Erinnerungsfeier für Henri Bergson in der Aula der Sorbonne das Requiem von Faurés sang. Es war, als ob sich die Stimmen der Menschen mit denen der himmlischen Heerscharen vermischten und in mir erklangen die Worte des 73. Psalms:

»Du leitest mich nach deinem Rat
und nimmst mich am Ende mit Ehren an« (Vers 24).

Als der Gott und Herr des Psalmisten, der Gott und Herr Bergsons aus dem Erlebbaren hervortrat und vor einem bebenden Menschen als sein »Herr« Gestalt annahm, da war es nicht länger ein »Als-ob«.

Eine Rolle bedeutet nicht nur ein Spielmuster, sie kann auch ein Referenzrahmen sein, der Wahrnehmungen ermöglicht. Die Bibel berichtet nie von einem Geschehen oder einem Ereignis nur um seiner selbst willen, sondern immer unter dem Gesichtspunkt von Gottes Handeln mit dem Menschen. Daher finden wir in der biblischen Tradition die Rolle »Gott«. Ein Bibelleser kann nun diese

»Rolle« »aufnehmen«, was nicht bedeutet, daß er diese Rolle selbst spielt, sondern daß er sie »aufnimmt« – taking the role of the other –, womit hier gemeint ist, Gottes Handeln vorwegnehmen. Wenn das, was wir vorwegnehmen, wirklich eintritt, so wird das Eintretende als Gottes Handeln wahrgenommen. Alles, was unsere Sinne dem Gehirn an Material zutragen können, wenn die Rolle »Gott« als Referenzsystem gegenwärtig ist, wird so bearbeitet und vervollständigt, daß sich der erlebende Mensch mit einem lebendigen und handelnden Gott verbunden fühlt. Die im Augenblick vollzogene Identifikation mit einer menschlichen Person in einem biblischen Bericht oder Text können wir als Rollenübernahme bezeichnen. Hier übernimmt der erlebende Mensch die Rolle oder identifiziert sich mit ihr. In dem gleichen Augenblick, wo dies geschieht, nimmt er auch die Rolle »Gott« auf, d. h. er ist voller Erwartung darauf eingestellt, daß etwas geschieht. Die Situation ist dualer Natur und es kann geschehen, daß das ganze Erlebnisfeld des betreffenden Menschen auf einen Partner ausgerichtet ist, der ihm begegnet. Ist das aktuelle Muster, in das die Sinnesimpulse eintreten, eine Rolle, so kann auch der Erlebnisinhalt als eine Person oder als die Handlungen einer Person gestaltet werden. Wenn der Mensch seine Bibel so gründlich kennt wie beispielsweise der spanische Mystiker Juan de la Cruz oder Lewi Pethrus, der Führer der schwedischen Pfingstbewegung, so kann z. B. in der Stunde des Gebets oder der Meditation eine Landschaft in eine Person umstrukturiert und umgestaltet werden.

Dazu ein Wort des schwedischen Pfingstlers als charakteristisches Beispiel für diesen Sachverhalt: »Die Schöpfung war wie ein aufgeschlagenes Buch, wie ein Fenster, durch das ich Gott schauen konnte, und ich sah ihn, wo immer ich ging. Es war nicht nur so, daß ich Gott durch die Schöpfung sehen konnte, sondern ich erlebte, daß er mich durch seine geschaffenen Werke ansah.« Lewi Pethrus berichtet einmal, wie er in einem Wäldchen den Boden vollständig mit blauen Leberblümchen übersät sah. Es war so schön, daß er auf die Knie fallen mußte und dort betete, und als er die Leberblümchen anschaute, geschah, was wir in der Sprache der Psychologie eine Umstrukturierung nennen – Gott sah ihn durch sie an. Er wurde durch sein Erlebnis überwältigt.

Dieser Bericht gab mir endlich die Lösung für etwas, woran ich 25 Jahre lang während meiner Studien über Juan de la Cruz gearbeitet hatte. Ich konnte bis dahin nicht verstehen, was der spanische Mystiker eigentlich in dem Kommentar zu einigen seiner bemerkenswertesten Gedichte meinte; aber durch den Bericht des Lewi Pethrus von den Leberblümchen verstand ich plötzlich, wovon das Ganze handelte. Nun konnte ich auch verstehen, wie es möglich war, daß ein spanischer Karmeliter aus dem 16. Jahrhundert und ein schwedischer Pfingstler aus dem 20. Jahrhundert das völlig gleiche Erlebnis hatten. Was verband sie miteinander? Hinsichtlich der theologischen Schulung sicherlich kaum etwas. Aber eines hatten sie gemeinsam. Sie kannten beide ihre Bibel auswendig und hatten sich in alle Situationen der Bibel hineingelebt. Sie hatten so oft in den Rollen der Bibel gelebt, daß sie eine allgemeine Erwartung entwickeln konnten. Sie nahmen ständig Gott als Partner vorweg, und die Umstrukturierung geschah daher sehr folgerichtig. »Mein Freund sind die Berge, die Stille der waldigen Täler« usw. Mein Freund ist dies: die stille Musik und das von Tönen gesättigte Schweigen. Das Mahl, das belebt und Liebe einflößt (das Abendmahl). Dies ist der Freund. Juan schreibt in seinem Kommentar: »Ist die Seele vereint mit Gott, so spürt sie, daß Gott alles ist in einem einzigen Wesen.« Nicht so, als wären die Dinge im Licht oder die Wesen in Gott, sondern alles ist Gott. Das ist die Umstrukturierung des Wahrnehmungsfeldes, die sich vollzogen hat. Und wenn Juan das selbst erlebte, verstand er etwas, das er zuvor nie begriffen hatte. Es ist das, was Franz von Assisi meinte, als er sagte: »Mein Gott und alle Dinge.« Ich war daher ebenfalls recht glücklich, Material zu finden, das mir die Verbindung zwischen Bibellesen und Umstrukturierung zeigte.

Daß ich selbst zehn Jahre meines Lebens hindurch einen durch den 73. Psalm vermittelten Dialog mit dem Dasein führte, wies mich auf neue Spuren. Der deutsche Dichter Max Dauthendey war während des Ersten Weltkrieges genötigt, drei Jahre auf der Insel Java zuzubringen, wo er dann an Tuberkulose starb. Nachdem er zwei der David zugeschriebenen Psalmen gelesen hatte, Psalm 50 und 60, schrieb er eines Morgens in seine Bibel: »Gott lebt und ist so persönlich, weil alles durch Ihn lebt.« Als er die Worte des Psalms zu seinen eigenen Worten machen konnte, trat auch sein Partner, der zu ihm sprechende Gott, auf den Plan. Die Dinge versanken, die ganze Welt verwandelte sich. Dauthendey konnte sein ganzes vergangenes Leben als eine Führung Gottes sehen bis hin zu der Begegnung in Einsamkeit und Stille auf der Insel Java.

Wir können also einen gewissen Einblick darin gewinnen, wie diese Umstrukturierungen vonstatten gehen. Was dem Gotteserlebnis seinen für den gläubigen Menschen unausweichlichen Wirklichkeits- und Realitätscharakter verleiht, ist also ein und dasselbe »Erlebnismaterial«, das uns – in anderer Weise strukturiert in einem anderen Bezugssystem als der aus der Bibel aufgenommenen Rolle »Gott« – unsere ganz alltägliche und uns vertraute Welt der Dinge vermittelt.

Wir kommen nun zu einem weiteren wichtigen Punkt. Die Psychoanalytiker meinen zu Unrecht, das Kind projiziere seine Einstellung zum irdischen Vater auf eine Welt der Dinge oder auf eine Welt jenseits der Dingwelt. Sie vergessen dabei oder haben es nie verstanden, daß auch diese Welt der Dinge eine Projektion der »Hand- oder Fußmuster« ist und daß das Erlebbare an sich mit Hilfe einer ebenso großen Zahl von Beziehungssystemen gestaltet werden kann, wie sie uns zur Verfügung steht. Was wir als die Welt der Dinge bezeichnen, ist nicht das Erlebbare schlechthin, sondern nur ein Aspekt davon, eine Gestalt unter vielen, die dies annehmen kann. »Gott« ist eine andere Gestalt davon. Es gibt nur sehr wenige Menschen, die sich so tief in ihre religiöse Tradition eingelebt haben, daß eine wirkliche Umstrukturierung des Wahrnehmungsfeldes vor sich geht. Diese Umstrukturierung kann jedoch bereits in der Welt des Kindes erfolgen, und zwar schon im Alter von vier bis sechs Jahren. Ein Kind, das so etwas erlebt hat, vergißt es nie wieder. Dazu ein Beispiel aus meinem eigenen Material.

Ein schwedischer Akademiker berichtet, daß er im Alter von etwa vier Jahren schrecklich gern einen Kanarienvogel haben wollte. Er betete zu Gott um einen Kanarienvogel, und dann hörte er, wie sich seine Eltern darüber unterhielten, ob sie ihm einen kaufen sollten. Der Vater meinte: »Das sollten wir nicht tun, denn das könnte dem Jungen eine falsche Vorstellung vom Gebet vermitteln.« Dieser verstand so viel, daß sie nicht daran dachten, einen Kanarienvogel zu kaufen. Aber einige Tage später bekam er u. a. gleich zwei Stück, als eine Tante die Familie besuchte und erklärte, sie und ihr Mann würden ins Ausland reisen und hätten die Absicht, ihre vielen Vögel zu verteilen und sie bei den Kindern ihrer Freunde in Pflege zu geben: »Ihr habt ja einen kleinen Jungen. Möchte der nicht gern einen Kanarienvogel haben?« Wer so etwas erlebt hat, vergißt das nie wieder. Dagegen vergißt der Psychoanalytiker, daß bereits das Kind Erlebnisse haben kann, bei denen Gott etwas ganz anderes ist als der Vater, und wo es sich zeigt, daß er völlig andere Gedanken hat als Gott.

Derselbe junge Mann erklärt, er sei kein besonders gläubiges, aber einsames Kind gewesen und habe darum oft erlebt, wie sich die Welt verwandelte. Einmal sei er ungewollt zu weit von zu Hause weggegangen und zu seinem Schrecken auf eine Gruppe großer Jungen gestoßen, die kleinere Jungen zu erschrecken pflegten und sie auf alle Weise schikanierten. Angesichts dieser gefährlichen Situation – die Gruppe trennte ihn von der elterlichen Wohnung – betete er im stillen und erlebte eine Umstrukturierung. An der Seite Gottes ging er durch die Schar der Jungen, die ihm freundlich zunickten. Für solche Kinder stellt sich Gott durch all das da, was sich ereignet und geschieht. Die Umstrukturierung geschieht nicht sehr häufig. Aber das beruht u. a. darauf, daß Menschen oft so erzogen werden, daß sie Angst vor derartigen Erlebnissen haben.

Wir müssen mit einem Phasenwechsel zwischen der profanen und der religiösen Gestalt rechnen, zwischen der Welt und Gott. Für die Menschen, die keine adäquaten Muster für die religiöse Phase haben, bedeutet das: Angst. Wir wissen aus sehr einfachen psychologischen Versuchen, daß der Organismus sehr schnell gegenüber Gestaltungsformen ermüden kann, die sogenannte doppeldeutige Figuren annehmen können. Dann tritt eine andere hervor, sie gehen und kommen. Genauso ist es mit dem Phasenwechsel zwischen der profanen und der religiösen Gestalt, dem Rhythmus zwischen gewöhnlicher Zeit und festlicher Zeit, zwischen Alltag und Feier. Wenn die eine Phase auftritt, existiert der Inhalt der anderen Phase nicht mehr für den Erlebenden. Im Nachdenken gibt es freilich eine Mittellage, aber wie bereits im vorigen Abschnitt erwähnt, fehlen den meisten Menschen Begriffe und Ausdrucksformen, die die Kommunikation mit anderen über solche Erlebnisse oder den Aufbau eines entsprechenden sinnvollen Weltbildes ermöglichen.

Viele fromme Menschen klagen sich selbst an, daß sie nicht ständig in einer religiösen Phase zu leben vermögen. Ihre Bemühungen in dieser Richtung führen zu der bekannten geistlichen Dürre. Gerade der Phasenwechsel ist das Normale, und wir sollten uns daran erinnern, daß manche Kritik am Leben der Frommen auf die mangelnde Einsicht – in diesem Phasenwechsel ein ganz natürliches menschliches Phänomen – sowohl bei den Frommen selbst als auch bei ihren Beobachtern zurückzuführen ist. Als Nathan Söderbloms Versuch, das Religiöse in ein technisch-wissenschaftliches Beziehungssystem einzuordnen, völlig gescheitert war und er das Gottvertrauen seiner Jugend sowie den Glauben an die Unfehlbarkeit der Bibel verloren hatte, sah er das Bild des Heilands, aber nicht nur das, sondern plötzlich sah er »den Heiland über sich«, ihm begegnet ein Blick – und er ist geheilt. Christus lebt, Christus ist eine Realität. Mit der ganzen Theologie mag es gehen, wie immer es will, bedeutsam allein ist der lebendige Herr und daß wir ihm dienen.

In der Stunde der Gefahr wechselt das Erleben die Phase. Viele fromme Menschen erleben die Gefahr kaltblütig und in ganz mechanischer Art. Vier sehr fromme katholische Priester, die in einen Autounfall verwickelt waren, erschraken darüber, daß sie in diesem Augenblick rein mechanisch und in keiner Weise religiös reagierten. Aber dies ist genau das, was zu erwarten ist. Als Paradebeispiel mag die Anekdote vom Brand in Karlstad dienen, als der Bischof fluchte und löschte und der Landrat weinte und betete. Für Erlebnisse dieser Art fehlte der älteren Religionspsychologie das Verständnis, und man darf sie nicht damit belasten, weil die Wahrnehmungspsychologie vor 1940 noch nicht so fortgeschritten war, um klar erkennen zu können, welche Bedeutung der Beziehungsrahmen für die Gestaltung und Ausformung des Erlebnisinhalts hat.

Ein Mensch, der religiöse Visionen erlebt, zeigt damit, daß er wahrscheinlich Jahrzehnte eines intensiven Andachtslebens hinter sich hat. Sein Gehirn wurde dadurch in besonderer Weise disponiert, wie es vergleichsweise beim Erlernen einer Fremdsprache geschieht. Eines schönen Tages werden die vom Ohr empfangenen Tonmassen zum Gehirn geführt, wo die richtigen Muster für sie bereitliegen, und der Mensch erlebt einen sinnvollen Inhalt. Visionen erlebt man nicht durch Hysterie, sondern durch eine intensive Übung im Andachtsleben.

Genauso verhält es sich mit Auditionen, die zuweilen den Charakter eines klaren und eindeutigen Befehls annehmen, und wenn der so Betroffene diesem Befehl folgt, können sich höchst sonderbare Dinge ereignen. Ich könnte viele Fälle anführen, die völlig dem entsprechen, was Frau Britta Holmström in Lund erlebte, als sie den Befehl empfing, eine neue Mission zu gründen. Mit ihrem Mann lieh sie sich 500 SKr zusammen und schon nach wenigen Jahren hatte sie notleidenden Menschen den Gegenwert von ungefähr 50 Millionen SKr zugeführt.

Für ähnliche Geschehnisse gibt es Beispiele aus völlig verschiedenartigen Umweltbedingungen und sozialen Situationen. Man nennt so etwas oft abschätzig Kindergottesdienstgeschichten, und die Religionswissenschaft könnte ohne jede Schwierigkeit mit tausenden oder zehntausenden solcher Geschichten aufwarten. Dieses Erfahrungsfeld ist noch nie mit wissenschaftlichen Methoden wirklich gründlich erforscht worden, und nur deshalb kann man so verallgemeinern, wie es Cattle und Freud getan haben, statt zu erkennen, daß das religiöse Leben ein sehr bemerkenswerter Aspekt unseres Daseins ist.

Ein großer Teil des Leichtsinns, mit dem in vielen psychologischen Abhandlungen die Religion und das religiöse Leben behandelt werden, beruht darauf, daß die Theologie zu wenig Zeit darauf verwandt hat, das Frömmigkeitsleben empirisch zu erforschen. Statt mit ganz gewöhnlichen wissenschaftlichen Methoden klarzustellen, wie die Erfahrung eines Menschen gestaltet werden kann, wenn sein Gehirn systematisch mit »dem Wort«, mit der biblischen Tradition aufgeladen wird, und wenn er täglich betet und meditiert, deduziert der Theologe in der Regel aus Formeln und Grundsätzen, wie das Ganze sein sollte und fragt dabei viel zuwenig danach, wie es wirklich ist, wie es wirklich aussieht und wie es wirklich funktioniert.

Im vergangenen Kapitel führten wir einige Beispiele dafür an, wie ein alttestamentlicher Text die Erlebnisse und Erfahrungen von Menschen strukturieren kann und wie dadurch Gott für sie eine Realität wird.

Hält man sich an das Gehirn und das Nervensystem sowie an die Muster, die diesem zugeführt werden, so erhält man ein ziemlich umfangreiches Wissen. Hält man sich dagegen an eine fiktive »Seele«, so kann das leicht damit enden, daß einem auch Gott zu einer Fiktion wird. Man versteht dann nicht, daß das wirklich Erlebbare, das Widerfahrnis, als Gott strukturiert wird.

Diese Einsicht muß z. B. mit Luthers Gedanken über Gottes Allgegenwart sowie mit seiner These zusammengebracht werden, daß die Gegenwart Gottes, sein Dasein *eine* Sache ist, sein Dasein für einen Menschen dagegen eine völlig *andere*. »Darum das ein anders ist, wenn Gott da ist, und wenn er dir da ist« (WA 23, 150, 13 f.). Ein strukturierendes Muster ermöglicht diese Gegenwart Gottes für den einzelnen Menschen. »Das Wort« liefert solche Muster. Für Luther ist Gottes Gegenwart dieselbe wie die Allgegenwart des verherrlichten Christus. In der Gestalt Christi wird die Rolle »Gott« ganz konkret. Um diese zentrale Christusrolle gestaltet sich dann eine ganze Welt von menschlichen Rollen, von denen im Evangelium angefangen bis hin zu der Fülle von Christusjüngern und Christusdienern, die uns im Laufe der Jahrhunderte in der Schar der Heiligen und Frommen geschenkt wurden. Diese gewaltige Tradition hat die Psychologie bisher nie als ein System von Rollen gesehen, und die Theologie sah in der Bibel immer nur eine Lehre und in den Frommen lediglich deren Bekenner. Sowohl die Psychologie als auch die Theologie haben die Rollen, die Spiel- und Erlebnismuster außer acht gelassen. Da kann es gar nicht verwundern, wenn die seltsame Situation eingetreten ist, von der wir bei unseren Erwägungen ausgegangen sind. In der religiösen Tradition sah man eigentlich im wesentlichen eine Lehre, eine Lehre über Gott, die Welt, die letzten Dinge usw. Daß diese Tradition auch von Generation zu Generation große Rollensysteme vermittelt hat, konnte man nicht ohne weiteres einsehen, solange dieser Begriff noch nicht als ein sozialpsychologischer Begriff entwickelt war. Ich darf aber erwähnen, daß Auguste Comte mit seiner Theorie von den drei Stadien der Menschheitsentwicklung dieser Einsicht einmal zum Greifen nahe war, ohne seinen eigenen Beobachtungen infolge seines Dogmatismus gerecht werden zu können. Für das Rollensystem, das er zu entwickeln versuchte, hat ihm die Menschheit gedankt.

Ist man sich darüber einig, daß mit dem Transzendenten das noch nicht gestaltete Erlebnisfeld gemeint ist, dann übernimmt man damit die Einsicht moderner Physiker, wonach alle physikalischen Modellvorstellungen relativ sind und die Phänomene, die man ergreift und mit denen man umgeht, von dem Beziehungsrahmen abhängen, den man wählt, sowie von den Apparaturen, derer man sich bedient. – Wenn dem so ist, dann ist das Transzendente zweifellos eine notwendige Voraussetzung für die Religion, in gleicher Weise aber auch für die Physik. Die notwendige Voraussetzung für die Religion ist der Offenbarer, um den herum sich das Rollensystem ausbildet. Wenn daher Friedrich Gogarten behauptet, daß die Offenbarung »das tödliche Ende für jede Erfahrung« bedeutet, so zeugt eine fast zweitausendjährige Geschichte von etwas anderem, nämlich davon, daß die Offenbarung dem Menschen vielmehr neue Erfahrungsmöglichkeiten erschlossen hat, die er zuvor nicht besaß und die das Leben der Menschheit mit Jüngerrollen als Handlungsmustern und der Christusrolle als Möglichkeit, den lebendigen Gott »vorwegzunehmen«, in hohem Grade umgestaltet hat. Die Theologen sagen, der Glaube sei eine Gabe Gottes. Die Rollenpsychologie versteht dies auf ihre Weise. Solange sich ein Mensch das Wort nicht aneignet und Christus und Gott durch das Wort nicht kennengelernt und auch nicht gelernt hat, diese Rollen anzunehmen, solange kann er Christus oder Gott nicht erleben. Das Wort ist somit sowohl für den Theologen als auch für den Psychologen die absolute Voraussetzung für das christliche Gotteserlebnis. Die Barthianer haben völlig recht, wenn sie sagen, daß der Glaube die Antwort auf die Anrede sei. Man kann dies aber auch psychologisch beschreiben, indem man sich nämlich an die Wahrnehmungspsychologie hält und das Wort als ein Beziehungssystem betrachtet, das Antwort und Hören ermöglicht.

So läßt sich also das Theologische und das Psychologische miteinander verbinden. Verfolgt man die Diskussion der Theologen über den Glauben, so ist festzustellen, daß der Glaube in bestimmten Zeiten als Vertrauen auf Gott, als Leben mit Gott und Christus definiert wurde, während man ihn in anderen Zeiten als ein Für-wahr-Halten erklärte und andere die Meinung vertraten, der Glaube trete in der lutherischen Theologie als ein mythologisches Wesen auf, das von Menschen aus Fleisch und Blut Besitz ergreife. Der Glaube ist somit in allen möglichen Zusammenhängen das Subjekt, was sprachlich unsachgemäß ist und auch unter den Gliedern der Kirche die allergrößte Verwirrung gestiftet hat.

Dazu noch eine weitere Beobachtung: Psychologisch gesehen ist das, was die lutherische Theologie als Glaube bezeichnet, oft nur die der jungen Generation vermittelte Rolle »Martin Luther«, verbunden mit einigen kurzen Hinweisen des theologischen Regisseurs. Für Luther war der Glaube zu gewissen Zeiten etwas so Einfaches wie das Vertrauen auf Gottes Verheißungen in der Bibel, wie ich von meinem verehrten Lehrer Arvid Runestam gelernt habe. Der Glaube ist also zunächst das Vertrauen auf die biblischen Verheißungen Gottes. Ich verstand dagegen unter Glauben ein »Für-wahr-Halten« in allen Situationen und unter allen Umständen und daß Gott einem Menschen alle seine Sünde um Jesu Christi willen vergebe. So die Meinung der Theologie. Ich glaube jedoch, daß es den Theologen bisher nicht gelungen ist klarzustellen, was sie eigentlich mit Sünde meinen, so daß die Psychologen sie richtig verstanden hätten.

Die reformierte Kirche in den Niederlanden hat sich gegen Ende der vierziger Jahre über einige Formulierungen geeinigt, die in der Schrift »Fundamenten en Perspektieven van Belijden« zusammengefaßt wurden. Dort findet sich u. a. die These, von der ich meine, daß auch gute Lutheraner sie gutheißen könnten: »Durch den Glauben lernen wir unsere Sünde kennen und erfahren unseren Widerstand und unsere Ohnmacht, Gott wirklich zu lieben und ihm zu dienen, und dennoch beten wir durch den Glauben um Gottes Vergebung und seine erneuernde Gnade.«

Ich wage zu behaupten, der Rollenbegriff sei geeignet, das hier Gesagte zu verdeutlichen. Der Mensch ist ein einziger Organismus, der jedoch in verschiedenen Rollen funktioniert. Wenn wir nun sagen, daß wir durch den Glauben erfahren, daß ... usw., so bedeutet das in psychologischer Sprache, daß der Mensch zeitweilig (vergl., was oben über den Phasenwechsel gesagt wurde) in der »Gottes Partner«-Rolle lebt, bis er eines Tages merkt, daß er, so wunderbar diese Rolle auch ist, andere Rollen doch mehr liebt und sich lieber an sie hält. Wird er durch bestimmte Ereignisse erneut in die »Gottes Partner«-Rolle gerufen, dann ist er voller Scham, weil er seine Ohnmacht erfahren hat, Gott wirklich zu lieben und ihm zu dienen. Entsetzt stellt er fest, daß Gott ihn trotz allem liebt, weil er nicht zugelassen hat, daß er in den anderen Rollen völlig aufgeht, sondern seine Beziehung zu ihm erneuerte, so daß er sich dessen erneut bewußt wurde.

Mit einem solchen Verständnis der menschlichen Persönlichkeit als einer Hierarchie von Rollen kann man meiner Meinung nach auch Nichtglaubenden und wissenschaftlich arbeitenden Psychologen klarmachen, was die theologische Rede von der Sünde bedeutet, und was der Widerstand gegen Gott eigentlich beinhaltet. Der Begriff der Rolle, das Verständnis des Menschen als eines einheitlichen Organismus, der gleichwohl in verschiedenen, voneinander getrennten Rollen funktioniert, sind geeignet, sowohl Glaubenden wie Nichtglaubenden eingängig zu machen, was »Glaube« im Sinne der holländischen Erklärung letztlich ist.

Der Glaube ist die Beziehung eines Menschen zu Gott, d. h. zu dem Erlebbaren, das durch den Bezugsrahmen der christlichen Offenbarung gestaltet wurde. Dieser Bezugsrahmen ist im wesentlichen die Bibel. Mit einer solchen Definition kommt der Theologe zu seinem Recht, denn ohne Gottes Initiative hätte diese Beziehung niemals entstehen können. Gott hat sich offenbart, und Gott offenbart sich weiter. Doch auch der Psychologe kommt auf seine Rechnung, denn wenn man den Glauben auf diese Weise definiert, kann der Psychologe ergründen, wie und unter welchen Bedingungen die Vermittlung der Offenbarungstradition erfolgt, welche Faktoren ihr entgegenwirken. Er kann dann auch klarzulegen versuchen, warum die Menschen sich im Verhältnis zum Inhalt der Bibel so selektiv verhalten. Warum hat Martin Luther z. B. nicht ein einziges Mal über den Text vom Verlorenen Sohn gepredigt? Er hat über nahezu alle Evangelientexte gepredigt, doch nie über diesen.

Sowohl Theologen als auch Psychologen haben mit dem Glauben, wenn er in der Weise definiert wird, wie es hier skizziert wurde, alle Hände voll zu tun. Wenn sich ein Psychologe die Mühe machte, mit seinen Methoden das Leben solcher Menschen zu erforschen, von denen der Theologe sagen würde, daß bei ihnen das Wirken der Geistesgaben offenkundig sei, was würde er finden? Die Antwort kann nur lauten: ein Kraftfeld von Menschen. Er würde feststellen, daß der vom Geist geprägte Mensch keineswegs isoliert ist, sondern in Beziehungen zu anderen frommen Menschen lebt, daß es eine Wechselwirkung von Geben und Nehmen unter ihnen gibt und daß sich gerade in diesem Wechselspiel die Inspiration vollzieht und die Heiligung erfolgt. Will man dies als eine psychologische Reduktion bezeichnen, so kann der Theologe den Psychologen an das Apostelwort erinnern: »Der Herr ist der Geist« sowie an das Wort Jesu: »Wo zwei oder drei versammelt sind in meinem Namen, da bin ich mitten unter ihnen.« Ich glaube nicht, daß die Theologie durch ein intensiviertes Studium der Religionspsychologie etwas verlieren würde. Grenzziehung braucht nicht mit größeren Schwierigkeiten verbunden zu sein.

Wie sieht es nun aber mit der Seele aus? Sie kann als der ganze Mensch in seiner Beziehung zu Gott definiert werden. In dieser Hinsicht, im Zusammenleben mit Gott empfängt er den Geist als das Unterpfand des ewigen Lebens. Es wurde darauf hingewiesen, daß mit größter Wahrscheinlichkeit unser gesamtes bisheriges Leben in unserem Gehirn in ähnlicher Weise bewahrt wird wie ein Vortrag, der auf ein Magnetophonband überspielt wird. Ein Chirurg hat ganze Tage aus der Vergangenheit seiner Patienten dadurch reaktiviert, daß er bestimmte Elektroden auf bestimmten Stellen der Oberfläche des Gehirns angesetzt hat (Zeitzentrum).

Für das Christentum und das christliche Denken war es schwer, die Identität zwischen einem Wesen, das stirbt, und einem solchen, das aufersteht, zu erklären. Paulus fand keine sonderlich geeignete Analogie, aber er hat es versucht, und die Kirchenväter kämpften in dieser Hinsicht um das Zusammenleben mit der heidnischen Umgebung und ihrer Philosophie. Schließlich war das Christentum gezwungen, den griechischen Seelenbegriff zu übernehmen, um eben diese Identität erklären zu können, aber dadurch wurde zugleich der Auferstehungsglaube verdunkelt. Durch die Magnetophontechnik und die Kenntnis, wie früher Erlebtes bewahrt wird, haben wir bessere Möglichkeiten, die Bedeutung des Auferstehungsglaubens herauszustellen. Da sich heute der Inhalt eines Magnetophonbandes ohne die geringste Schwierigkeit auf ein anderes übertragen läßt, sollte da nicht auch der Kosmos, der uns hervorgebracht hat, einer ähnlichen Technik fähig sein, um die Summe eines Lebens auf einen neuen himmlischen Leib, auf einen neuen Träger zu übertragen?

Als Christen müssen wir uns jedoch sagen lassen, daß es ausschließlich von Gott abhängt, ob die Individualität bewahrt wird. Eben dies wird durch den Seelenbegriff verdunkelt. Er muß daher dem allgemeinen Sprachgebrauch entzogen und von der Sache her für die Theologie reserviert werden. Es wäre allerdings schon viel gewonnen, wenn die Theologen unter Seele den ganzen Menschen in seiner Beziehung zu Gott verstehen würden. Ich war immer, auch als ganz junger Theologe, entsetzt darüber, daß gelehrte Männer die Seele als ein Organ für die Gemeinschaft mit Gott auffaßten und dabei gleichzeitig behaupten konnten, sie seien Christen. Hätten sie das wirklich geglaubt, dann wäre konsequentermaßen die Inkarnation völlig überflüssig, es hätte ihrer nicht bedurft. Gott hätte nicht Mensch zu werden brauchen, um in Gemeinschaft mit uns zu treten.

3. Christus und die Weltreligionen

Die Weltwirklichkeit als Person erleben?

Bereits in der zweiten Hälfte des 19. Jahrhunderts versuchte man, die Religion als eine Erscheinung hinzustellen, die dazu verurteilt sei, sich aufzulösen und mit der zunehmenden Aufklärung des Menschen völlig zu verschwinden. In einem solchen Licht muß sie sich als eine Illusion, als ein Projektionsphänomen darstellen. Wahrscheinlich verhält es sich genau umgekehrt: bei immer mehr Bildung und Aufklärung zeigt sich, daß die Religion immer weniger als Illusion abgetan werden kann.

Es wird für immer mehr Menschen immer deutlicher, daß der Kosmos, den die Naturwissenschaften als einen Komplex unpersönlicher Ereignisse, ja als eine riesige Maschinerie und ein gewaltiges Kraftfeld ansehen, grundsätzlich auch als Person erlebt werden kann, die bestimmte Absichten mit dem Menschen und seinem Leben hat.

Es dürfte sich herausstellen, daß der Bezugsrahmen der Naturwissenschaften wie eine Art Filter wirkt, der nicht alles durchläßt, was der Kosmos an persönlichem Leben enthält, und daß man für einen Zugang zu diesen Dingen ganz andere Muster benötigt, als die Naturwissenschaften sie bereitstellen. Wenn das Gehirn des Menschen mit der einen Art von Mustern arbeitet, nimmt eine große Maschinerie oder ein gewaltiges Kraftfeld Gestalt an in seinem Erleben. Arbeitet das Gehirn dagegen mit Mustern anderer Art, dann begegnet uns die Welt als eine

Person. Bei diesen Mustern handelt es sich um bestimmte religiöse Muster. Wir bezeichnen sie als Rollen.

Welche Lehren über Christus auch immer entwickelt wurden, wie man auch seine Taten gedeutet hat, in jedem Fall ist die Christusgestalt der Evangelien in psychologischer Sicht eine Rolle und für den Menschen, der diese Rolle aufnimmt, kann das Leben zu einem Gottesverhältnis gestaltet werden. Die unerhörte Behauptung, die die christliche Offenbarung aufstellt, müßte, wenn wir uns darauf einstellen, daß Christus psychologisch gesehen eine Rolle ist, folgendermaßen lauten: In Christus hat sich der Kosmos in seiner Gesamtheit als Person offenbart und damit der Menschheit eine Rolle geschenkt, ein Muster, das es, vom Menschen aufgenommen, dem Kosmos ermöglicht, sich ihm so mitzuteilen, wie sich eine Person einer anderen Person mitteilt. Der Sohn macht den Vater bekannt. Ein Glied in dieser Beziehung ist also der Mensch, das andere Glied ist das, was sein Nervensystem beeinflußt. Niemand kann ausmachen, was das den Menschen Beeinflussende an sich ist. Bei einem Gang durch die Geschichte entdecken wir jedoch, daß der Mensch immer versucht hat, mit mehr oder weniger phantastischen Bildern in dieses Mysterium einzudringen.

Schöpfung als Hintergrund moderner Naturwissenschaft

Es dürfte von einigem Nutzen sein, zwei dieser Bilder näher ins Auge zu fassen, bevor wir unser Thema fortsetzen. Einmal handelt es sich um das Bild des Schöpfers und der Schöfung und zum anderen um das Bild des kosmischen Komplexes von unpersönlichen Geschehnissen (in denen sich niemand genau auskennt), wo der seiner selbst bewußte Mensch auftritt, um nach Ziel und Sinn zu forschen. Das Bild vom Schöpfer und der Schöpfung ist das ältere. Erst als der Mensch Gott als den von der Welt gänzlich geschiedenen schöpferischen Geist begriff, war eine Naturwissenschaft im modernen Verständnis möglich. In vielen Kulturkreisen werden Gott und Welt als Identität gesehen, aber erst wenn die Ereignisse in der Welt zu einer nur mittelbaren Manifestation Gottes werden, wenn die Welt selbst zu einem objektiven Gebilde wird, das Gott dem Menschen übergeben hat, um es zu beherrschen, erst dann ist ein hemmungsloses Forschen und Experimentieren möglich. Galilei sagte, das Buch der Natur sei von Gott mit mathematischen Zeichen beschrieben. Der Mensch muß lernen, diese auf endliche Relationen sich beziehenden und berechenbaren Zeichen zu deuten, damit er die Welt immer besser beherrschen kann. Die Berechnungen ermöglichen Hypothesen, die mit Hilfe von Experimenten bewiesen werden können.

Die Naturforscher älterer Zeiten meinten mit ihren Hypothesen und Experimenten, Gott auf den Spuren seines Schöpfungswerkes zu folgen. So war es jedenfalls bis zur Mitte des vergangenen Jahrhunderts. Erst damals wurden die Hypothesen und Experimente zum Selbstzweck, wenn sie nicht gar kurzerhand gegen den Gottesglauben ausgespielt wurden. Die Vorstellung von Gott als einem reinen Geist, völlig getrennt von der Welt, die er geschaffen hat, wurde als entbehrlich erklärt und galt plötzlich als etwas

Phantastisches, wobei die meisten vergaßen, daß es genau diese Hypothese war, die die letzte Voraussetzung der abendländischen Wissenschaft bildete. Noch immer gehen die Naturwissenschaftler davon aus, daß der Kosmos eine Einheit bildet, einen vernünftigen Zusammenhang, ohne dies beweisen zu können. Sie alle halten dies für die unausgesprochene Voraussetzung der Forschung. Das Bild vom reinen Schöpfergeist und von der geschaffenen Welt war also als Voraussetzung für die Naturwissenschaft und den menschlichen Fortschritt in technischer Beziehung in außerordentlich hohem Maße geeignet. In mancher Hinsicht hat es jedoch für das religiöse Leben des Abendlandes zerstörend gewirkt. Obwohl das Christentum Christus als den lebendigen Gott bekannte, wurde statt dessen der Platz, den Christus im bewußten Leben der Menschen hätte einnehmen sollen, von dem heiligen Buch besetzt, das der Schöpfer diktierte, oder von einer sich mit Christus identifizierenden Kirche. Die wenig einleuchtenden Ansprüche, die von den Auslegern des heiligen Buches erhoben wurden, sowie die erstaunlichen Abweichungen von der doch ständig vorhandenen Christusrolle, wie sie sich im Handeln der Kirche darstellte, besonders als die sozialen Fragen in Europa brennend wurden, haben zu kritischen Abrechnungen mit den Vertretern der Religion geführt. Diese Auseinandersetzungen haben jedenfalls gezeigt, daß sowohl die Denkstrukturen der Buchreligion als auch der Kirchenreligion höchst einseitig waren und kaum dazu geeignet, die Stellung des Menschen in der Welt von heute zu klären.

*Von der Christusoffenbarung her eine Theologie
der Religionsgeschichte entwickeln*

Wenn der Kosmos eine Person ist, die sich uns mitzuteilen wünscht, wenn das vornehmste Mittel Jesu seine Offenbarung ist, die psychologisch gesehen also die Christus-Rolle ist, was ist dann die Funktion der nichtchristlichen Religionen in der problematischen Kommunikation zwischen Kosmosperson und Menschheit?

Viele argumentieren etwa so: Wenn es Gott gibt, dann sollte er sich sinnvollerweise der Menschheit so deutlich und klar mitteilen, daß es die Vielfalt der miteinander im Streit liegenden Religionen nicht geben müßte. Dabei wird freilich ganz übersehen, daß das Problem der Kommunikation Gottes mit der Menschheit eine rein psychologische Seite hat. Wenn es den Kosmos Jahrmillionen gekostet hat, den seiner selbst bewußten Menschen hervorzubringen, wenn es Jahrtausende gedauert hat, das Gehirn des Menschen mit den Mustern zu versehen, die die moderne Technik ermöglichten, dann dürfte noch viel mehr Zeit nötig sein, die eine persönliche Kommunikation zwischen Kosmos und Individuum ermöglichenden Muster einzubauen.

Nehmen wir einmal an, die Christusrolle sei das adäquate Kommunikationsmittel, was soviel bedeutet, daß der Kosmos als eine vom Menschen erlebbare Person identisch mit Christus ist, und betrachten wir von hier aus einmal die religionsgeschichtliche Lage der Gegenwart. In der zur Vorbereitung auf die Vollversammlung des ökumenischen Rates in Neu-Delhi im Jahre 1961 vom Weltrat der

Kirchen herausgebrachte Veröffentlichung »Jesus Christ. The Light of the World« heißt es, daß Christus nicht mit anderen Göttern vermischt werden darf. »Wir können ihn nicht anbieten als eine der vielen Ingredienzien einer Weltreligion. Wir können nicht sagen, daß der eine Glaube ebensogut ist wie der andere.« Und weiter: »Christus ist keine Stammesgottheit, auf die sich Europäer und Amerikaner berufen können, um ihre Wertvorstellungen zu behaupten. Wir versuchen, die großen Weltreligionen zu verstehen und die Quellen ihrer Kraft zu entdecken.«
Diese Erklärungen bedeuten in gewisser Weise etwas Neues. Viele christliche Völker – von unserem eigenen gilt das nur in geringem Maße – haben eine Zeit durchlebt, in der die Theologie das Christentum in den schärfsten Gegensatz zu allen anderen Religionen gebracht hat, ja, in der sie erklären konnte, das Christentum sei überhaupt keine Religion, weil die Religionen Produkte der Wirksamkeit böser Geister die eigenen vermessenen Versuche des Menschen seien, sich selbst zu erlösen. Eine solche Theologie ist in der heutigen Situation nicht mehr möglich, wie viele ihrer Anhänger einsehen. Man erklärt, das Christentum müsse sich auf einen Meinungsaustausch mit den anderen Religionen einstellen. Zugleich sucht man nach einer Theologie der Religionsgeschichte. Wenn es in der genannten Broschüre des Weltrates der Kirchen heißt, daß die Dunkelheit, die die Menschen daran hindert, das Licht der Welt zu sehen, in uns Christen sei, innerhalb unserer Gemeinschaften und Kirchen, so scheint es mir, als wäre dies der rechte Ausgangspunkt für eine Theologie der Religionsgeschichte. Verhält es sich so, wie

es in der Broschüre heißt, so steht Christus über sämtlichen Weltreligionen und das Christentum muß seinen Platz neben dem Buddhismus und Hinduismus, dem Judentum und dem Islam einnehmen. Eine solche Anordnung lädt uns zu dem Versuch ein, uns in die Möglichkeit hineinzudenken, daß Christus auch die nichtchristlichen Religionen dazu benutzt, um die Dunkelheit zu erhellen, die auf uns selbst und unseren Kirchen liegt. Durch das Christentum ist Christus in der ganzen Welt bekannt geworden, aber vielleicht auf eine einseitige Weise.

Die Gegenmission asiatischer Religionen deckt Schwächen des Christentums auf

Als Folge der gewaltigen Missionsanstrengungen während des vergangenen Jahrhunderts ist das Christentum jetzt über die ganze Erde hin verbreitet. Auch Buddhismus und Islam waren von Anfang an missionierende Religionen, aber erst durch die Anstrengungen der christlichen Mission wurde ihr Missionswille intensiviert und erneuert und verschafft sich heute immer stärker Ausdruck. Der Hinduismus hat sich durch den mehr als hundertjährigen Kontakt mit der christlichen Mission ebenfalls zu einer missionierenden Religion von weltumfassendem Ausmaß entwickelt.

Die christliche Mission trat zu ihrer Zeit mit einer Überlegenheitshaltung auf, die besonders in Indien den Gedanken weckte, eine Gegenorganisation ins Leben zu rufen.

Dieser Gedanke fand in Helena Petrowna Blavatsky ein bereitwilliges Instrument. Die Religionswissenschaft hat in bezug auf die sonstigen Ziele der Theosophie nicht ausreichend beachtet, daß die theosophische Gesellschaft nach den offenen Erklärungen der Madame Blavatsky den Völkern Asiens von allen Verbrechen und Übeltaten der christlichen Kirchen Kenntnis geben wollte, ebenso von ihren Lehrstreitigkeiten und den europäischen Versuchen, mit wissenschaftlicher Kritik den Anspruch der Kirchen zurückzuweisen, Verwalterin einer göttlichen Offenbarung zu sein.

Für Madame Blavatsky ging es mit anderen Worten darum, die Asiaten gegen die christliche Mission zu immunisieren. Die von ihr organisierte Gegenmission hat bedeutende Wirkungen gehabt. Es gibt eine ständig wachsende, von Asiaten verfaßte Literatur, die solche antichristlichen Themen behandelt, wie Madame Blavatsky sie lanciert hat. Um so bedenkenswerter ist es, daß ihre Gegenmission faktisch von Christen inspiriert sein könnte und sich vor allem gegen die unheilige Allianz der Missionen mit der Annektionspolitik sowie gegen die sogenannte christliche Ideologie richtet, deren Anwendung von 1. Mose 9, 25: »Noah sprach (zu seinem jüngsten Sohn Ham, den Vater Kanaans): Verflucht sei Kanaan und sei seinen Brüdern ein Knecht aller Knechte« sich eigentlich erst in unseren Tagen in einer breiteren Öffentlichkeit in ihrer Unmenschlichkeit und Unchristlichkeit entlarvt hat. Blavatskys antichristliche Propaganda richtete sich nicht gegen Christus, sondern gegen die Christen, die – so wörtlich – »ihre Eroberungs- und Annexionsgesetze sowie ihre Tyrannei über Rassen, die sie als niedriger bezeichnen, unterstützen«.

Der Aufmarsch der Weltreligionen, um an ein bekanntes Buch von G. F. Vicedom anzuknüpfen, muß sich als das eigene Werk Christi darstellen, um die Welt von einem Christentum zu befreien, das seine Intentionen verfälscht und den Umgang mit seinem lebendigen Herrn gegen das Studium heiliger Schriften sowie gegen Deduktionen von Prinzipien vertauscht hat, die alles rechtfertigen, von der Sklaverei bis zur Judenverfolgung, Aufrüstung und Kriegsvorbereitung. Vielleicht muß auch der Kommunismus in diesem Licht gesehen werden. Das Wort vom Salz, das seine Kraft verloren hat, könnte für uns, die jetzt lebende Generation von Christen, gelten.

Wenn wir das untaugliche Salz sind, das von den Menschen zertreten werden soll, dann fällt ein eigentümliches Licht auf die Drohung der nichtchristlichen Mächte, denen sogenannte christliche Völker zu begegnen im Begriff sind. Wir wissen aber, daß es hingebungsvolle Jünger unter den Missionaren gegeben hat, die die Sache Christi gegen die Annexions- und Gewaltpolitik behauptet und verteidigt haben, und daß es dank ihrer Treue und Liebe in allen Teilen der Welt lebendige christliche Gemeinden von Nichteuropäern und Nichtamerikanern gibt. Der Untergang der abendländischen Neon- und Sexkultur braucht nicht den Untergang des Christentums zu bedeuten. Bereits Vincent von Paul glaubte in der Mitte des 17. Jahrhunderts, daß die Worte: »Das Reich soll euch genommen und einem Volk gegeben werden, das seine Frucht trägt«, auf die Christenheit Europas angewandt werden könnten, wo die Völker sich mit Kriegen heimsuchten, und als er seine Lazaristen über die ganze Welt aussandte, ahnte er, daß Christus Europa verlassen haben könnte. Es gibt mehr als eine christliche Persönlichkeit in unseren Tagen, die dasselbe ahnt; zu ihnen gehört Martin Niemöller, und ich glaube, wenn wir unsere Aufmerksamkeit einigen Zügen seiner Lebensgeschichte zuwenden, können wir besser verstehen, was die für viele wahrscheinlich unbegreifliche These besagt, daß Christus die nichtchristlichen Religionen braucht, um mit den Schwächen der Christenheit fertig zu werden.

Martin Niemöller bricht mit der protestantischen Buchreligion

Als vornehmster und freimütigster Widerstandskämpfer bei Ausbruch des Zweiten Weltkrieges richtete Martin Niemöller vom Konzentrationslager Sachsenhausen aus, wo er als Privatgefangener des Führers schmachtete, ein Gesuch an die deutschen Behörden mit der Bitte, wieder in den Dienst der Flotte eintreten zu dürfen, was Entsetzen und Bestürzung in der ganzen Welt hervorrief.
Wie konnte er nur! Die Erklärung dafür ist allerdings einfach genug, wenn man von dem Menschenbild ausgeht, nach dem der Mensch ein System von Rollen darstellt. Niemöller hatte einige Jahre lang in der Rolle als Gegner Hitlers gelebt. Als der Krieg ausbrach, wurde eine andere Rolle wieder in ihm lebendig, auf die er einmal in seiner

Persönlichkeit als deutscher Offizier, mit all den alten Mustern des Fühlens, Denkens und Handelns in einem evangelischen Pfarrhaus sowie in einem wilhelminischen Gymnasium präpariert wurde. Verschwunden war jetzt die Rolle als Hitler-Gegner und ebenso die damit verbundenen Einstellungen und Muster. In solchen ganzheitlichen Einstellungen funktioniert der Mensch, seine Wahrnehmung einer Situation hängt in höchstem Maße von den Rollen ab, die noch aktualisiert werden.

Aber war Niemöller nicht Christ? Konnte er als Christ am Krieg Deutschlands teilnehmen? Nun, für Niemöller waren die Rollen als Lutheraner und deutscher Seeoffizier sehr wohl vereinbar. Es gab zwischen ihnen keine Spannung und keinen Gegensatz. Jahrhundertelang hatten deutsche Theologen unerhörte Mühe darauf verwandt, die Situation des Menschen so zu beschreiben, daß der Krieg seine Berechtigung hatte. Sie lehrten, daß der Offizier, der seine Pflicht erfüllt, damit auch Gottes Willen vollziehe. Das Buch, das an die Stelle Christi getreten war, hatte ihnen für ein solches Unternehmen gute Voraussetzungen an die Hand gegeben.

Weniger bekannt ist jedoch Niemöllers Reaktion gegen die protestantische Buchreligion. Um die Jahreswende 1940/41 war Niemöller nahe daran, zur katholischen Kirche überzutreten. Er meinte damals, die protestantische Theologie sei in einer Sackgasse gelandet. Er hielt ihr sogenanntes Schriftprinzip weder für kirchlich noch für biblisch, sondern eher für ein Produkt des weltlichen Humanismus. »Ich stelle allen Ernstes die Frage«, heißt es in einem Brief von ihm, »ob der Heilige Geist innerhalb

dessen, was man nach der Reformation evangelische Kirche genannt hat, je wirksam gewesen ist.«
Die Nationalsozialisten, die begreiflicherweise alle seine Briefe lasen, beeilten sich, Niemöller von Sachsenhausen nach Dachau zu überführen in der Berechnung, daß er durch dort inhaftierte hochstehende Katholiken in seinem Vorsatz bestärkt werden würde. Vielleicht wollten sie die Konversion zu irgendeinem Propagandazweck nutzen. Niemöller war diesen Berechnungen gegenüber keineswegs blind, doch dürften es keine kirchenpolitischen Rücksichten gewesen sein, die ihn davon abhielten, diesen Schritt zu tun, ganz abgesehen von den eifrigen Versuchen seiner Frau, ihn daran zu hindern. Viel mehr bedeutete ihm ein Abendmahlsgang in Dachau, wo ein reformierter, ein anglikanischer, ein griechisch-orthodoxer Gläubiger und ein Freidenker zusammen mit Lutheranern Brot und Wein austeilten. Im Schatten des Galgens von Dachau ist eine neue Rolle in Niemöllers Persönlichkeit im Werden: die Jünger-Christi-Rolle. Gegenüber dem Inhalt dieser Rolle, der durch sie vermittelten Gottesgemeinschaft, treten alle Lehrfragen zurück. Der Übertritt zum Katholizismus ist für ihn nicht mehr aktuell. Es ist keine leichte Rolle, Christus hat es selbst gesagt: »Ihr werdet gehaßt sein von allen, um meines Namens willen.« Die Rolle war im Entstehen, noch hatte Niemöller sich nicht von der Vergangenheit freimachen können. In den Jahren nach Kriegsende scheint sich bei ihm eine bedeutsame Einsicht durchgesetzt zu haben: eines der größten Hindernisse, Christus in seinem Heilands- und Versöhnungshandeln in der Welt begegnen, ist das Christentum, das

sich bereits als Lehrsystem und Institution konstituiert hat.

Schon Dostojewsky hatte eine Vision über diesen Sachverhalt, als er das Kapitel vom Großinquisitor in den Brüdern Karamasow schrieb.

Niemöller als Beispiel radikaler Christusnachfolge

Im September 1950 trat Heinemann, der Innenminister der damaligen Bonner Regierung, von seinem Amt zurück. Er war zugleich der Präses der Synode der Evangelischen Kirche in Deutschland und wollte an der Aufrüstung nicht mitwirken. Seiner Meinung nach müsse man damit rechnen, daß Gott Deutschland als Folge der vielen Untaten, die es mit seinen Waffen begangen habe, entwaffnet sehen wollte. Es sei verwerflich, erneut auf Waffen und Gewalt als die einzigen Mittel zur Existenzsicherung hinzuweisen. Heinemann durfte in seiner Eigenschaft als Präses der Synode der Evangelischen Kirche nicht in seinem politischen Amt bleiben. Niemöller stimmte ihm zu. Er bekannte sich als Lutheraner, nicht als Pazifist, forderte jedoch, daß der Jugend Deutschland das Recht auf Wehrdienstverweigerung garantiert werden solle. Er wollte verhindern, daß die Evangelische Kirche eine sowjetfeindliche Politik unterstützte. Einige Jahre später wurde Niemöller mit Indien konfrontiert, wo er im Winter 1952/53 in Verbindung mit der Übernahme eines Ehrendoktorats durch die Universität Neu-Delhi sechs Wochen zubrachte. Die Eindrücke, die er in Indien vom Prinzip der Gewaltlosigkeit empfing, beeinflußten sein Denken und seine Predigten in den folgenden Jahren sehr stark. Gewaltlosigseit führt keineswegs zur Passivität oder Schwachheit, wie in Europa oft behauptet wird, sondern zu einem höheren Grad von Mut. Gerade dies war es, was der frühere U-Bootkommandant zu verstehen glaubte. Vielleicht könnte Gandhis Prinzip der Welt den totalen Krieg ersparen.

Eine andere Frage wurde für ihn jedoch noch brennender: Wer wendet eigentlich die Lehre Jesu an, die sogenannte Christenheit, die tausend Vorwände sucht, um sich seinem Gebot zu entziehen, oder der Hindu, der »Heide«, der Jesus nicht als Gottes Sohn anerkennt, aber alle Mühe darauf verwendet, ihm nachzuleben? Könnte man sich ein Christentum ohne Christus denken, dann wäre das der Gandhismus, meinte Niemöller. Doch kann man sich Gandhi ohne Christus vorstellen? Was hat eigentlich Tolstoi für Gandhi bedeutet?

War es nicht die Frage des früheren Offiziers Tolstoi an das Christentum, die Gandhis Beispiel in Niemöller wieder geweckt hat? Interessant ist in diesem Zusammenhang die Reaktion der indischen Presse, als Gandhi von Mörderhand starb. In den Kommentaren war nämlich mit keinem Wort vom Karma die Rede, dagegen wurde Gandhi als der Christusgleiche (Christ like) bezeichnet. Auf der Ebene der Lehre und der ethischen Prinzipien hatten Indiens Gelehrte ein leichtes Spiel, wenn sie die Bedeutung Jesu reduzieren wollten. Die Christusrolle ist jedoch etwas anderes und weit mehr als eine Lehre. Sie läßt sich nicht auf etwas anderes reduzieren, als was sie ist, und kann nicht in irgendeinem Synkretismus verlorengehen. Die Kommentare der indischen Presse zum Tode Gandhis – des Christusgleichen – zeigen, daß diese Rolle eine eigenständige, sowohl dem Hinduismus wie dem Christentum übergeordnete Größe ist. Dies wird durch Niemöllers Reaktion bestätigt. Im Sommer 1953 sprach er auf dem Hamburger Kirchentag und stellte Gandhi als ein mahnendes Beispiel und eine Warnung der Christen in Deutschland heraus: »Sollten wir diese Warnung nicht hören und uns zu Herzen nehmen, ehe es wieder zu Mord und Brudermord kommt?« Bei einer anderen Gelegenheit äußerte er: »Vielleicht würde Christus heute sagen: Kommunisten und Ausgestoßene sollen vor euch in das Himmelreich eingehen.«

Wir erleben, denken, fühlen und handeln durch die Musterorganisationen, die wir praktischerweise am besten als Rollen bezeichnen. Niemöllers zentrale Rolle wurde die Jünger-Christi-Rolle. Wer diese Rolle übernimmt, nimmt damit gleichzeitig die Christus-Rolle auf. Die Lebenserfahrungen, die in dieses Muster passen, geben der Christus-Rolle ihr Leben. Christus läßt sich im Erlebbaren unterscheiden. Wenn die Christus-Rolle auch durch das heilige Buch vermittelt wurde, so läßt sich für denjenigen, der sie übernommen hat, kraft der sie ermöglichenden Erfahrung Christus nie wieder mit diesem Buch identifizieren, weil das Gottesverhältnis mit Hilfe zweier vollständig verschiedenartiger Muster gestaltet wird, die Niemöller ein um das andere Mal in Konflikt mit seinen deutschen Glaubensbrüdern gebracht hat.

*Von der Bibel als Lehrbuch zur universalen
Gotteserfahrung:**

Was dieser Konflikt im letzten bedeutet, können wir von dem holländischen Religionshistoriker K. A. H. Hidding lernen. Er schreibt: »Man muß verstehen lernen, daß die Bibel – als Mittel zum Verständnis der Offenbarung – und die Person, die selber die Offenbarung ist, etwas völlig Verschiedenes sind, sie können ganz und gar nicht gleichwertig sein, genausowenig wie Zweck und Mittel jemals gleichwertig sein können. Stellt man die beiden einander gleich, so macht man das Buch zu etwas Absolutem, was so viel bedeutet, daß man der göttlichen Freiheit, die der im Buch beschriebenen Person zukommt, Fesseln anlegt, nämlich jene Fesseln, die die in dem Buch gegebenen Deutungen dieser Person mit sich bringen. Die biblischen Verfasser meinten aufrichtig, nicht ihre eigenen Gedanken darzustellen, sondern die von Gott offenbarte Wahrheit, aber nach dem Bibelverständnis der Kirche wurde Gottes Wort mit dem Wort identifiziert, das Fleisch wurde und Wohnung unter uns nahm.« Dies ist nach Hidding eine äußerst gefährliche Form von Synkretismus. Im Buddhismus, Judentum und Islam ist das Buch das natürliche Mittel der Offenbarung, wenn aber im Christentum das Buch der lebendigen Person, nämlich dem auferstandenen und bei seinen Jüngern gegenwärtigen Christus übergeordnet wird, dann ist die Struktur verlorengegangen und eine fremde Struktur hat ihren Platz eingenommen. So können wir unter der Bibel zu

* K. A. H. Hidding

Sklaven werden und es nicht wagen, von der Freiheit Gebrauch zu machen, die Christus uns zuerkannt hat.
Daß in diesem Gedankengang etwas Berechtigtes liegen kann, geht bereits aus »Sklaverei unter der Bibel« hervor, einem Thema, das ich in meinem Buch »Die Religion und die Rollen« ausführlich behandelt habe. Gegenüber der Not von Brüdern und Schwestern, in die sie nicht zuletzt durch die Aussagen biblischer Dogmatiker geraten waren, habe ich dort erklärt: »Der Weg der Bibel ist ein anderer als der der reinen Lehre. Er weist den Sünder an eine Person, an jemanden, der den Ruf der Elenden nach Hilfe hört.« Theologen wie Lamennais, Wilfred Monod und Nathan Söderblom haben durch Lehre und Leben bewiesen, daß Hidding etwas ganz Wesentliches ausgesprochen hat. In diesen Zusammenhang gehört auch das bereits erwähnte Beispiel aus dem freikirchlichen Alltag Schwedens.
Der Gedankengang Hiddings, den wir hier in aller Kürze referierten, findet sich in dem schmalen, aber äußerst bedeutungsvollen Bändchen »God en goden. Wezen, waarheid en ontwikkeling der godesdiensten (1960)« (= Gott und die Götter. Wesen, Wahrheit und Entwicklung der Religionen). Hidding ist Professor an der Universität Leiden. Er gehört zu den Menschen, die ihr Leben der Atombombe verdanken, die über Hiroshima abgeworfen wurde. Vor seiner Professur war er Staatsbeamter in den früheren niederländischen Besitzungen in Ostindien. Während des Zweiten Weltkrieges wurde er von den Japanern inhaftiert und wie die übrigen Mitglieder seiner Familie in ein Konzentrationslager gesperrt, in dem man den Ge-

fangen die für den Körper lebenswichtigen Substanzen – und zwar verschiedene Substanzen für die verschiedenen Gruppen der Gefangenen – systematisch vorenthielt. Man wollte sehen, wie lange der menschliche Organismus sich am Leben erhalten kann, wenn ihm gewisse Substanzen fehlen, und welche Veränderungen bei immer größer werdendem Mangel eintreten. Die Gefangenen waren also Versuchstiere in einem gewaltigen physiologischen Experiment und zu einem baldigen und sicheren Tod bestimmt. Da fiel die Atombombe – und das Experiment wurde abgebrochen. Die Unterernährten durften ins Leben zurückkehren.

Ich teile dies mit, weil ich beim Zusammensein mit Hidding glaube verstanden zu haben, daß er aufgrund dieser Erfahrung die Frage nach Christus für eine Lebensfrage der Menschheit hält. In der Nähe des Todes wurde er von aller sklavischen Abhängigkeit, von jeder christlichen Tradition und Konfession befreit. Nach Hidding legt ein phänomenologisches Studium der Religionen das Vorhandensein gewisser Grundstrukturen klar, die alle eine relative Berechtigung als gestaltende Muster für geschlossene Gemeinschaften haben. Die spezifische Grundstruktur des Christentums ist bereits in der Bibel verborgen, sie kann aber in ihrer Reinheit wiedergefunden werden, und gerade diese Struktur könnte eine Menschheit als Gemeinschaft ermöglichen. Bei Nathan Söderblom heißt es einmal: »Der Geist der Offenbarungsreligion fordert eigene Denkformen im Gegensatz zu denen, durch die sie aus historischer Notwendigkeit entstanden ist.«

Zwei Grundstrukturen der Religion: Gott als Wille und Gott als Gesetz

Man könnte sagen, Hidding unternimmt in der genannten Arbeit einen kühnen Versuch, diese Denkformen zu finden. Er spricht von den naturalistischen Religionen, von den historischen Religionen und vom Christentum. Ich für mein Teil glaube, daß man gut daran tut, in all diesen Religionen mit zwei Grundstrukturen zu rechnen, die das Verständnis des Menschen von seinem Verhältnis zum Leben als Ganzem prägen. Gott wird einerseits als Wille, andererseits als Gesetz begriffen.

Die Frage: Will Gott den Krieg oder will Gott den Krieg verhindern? enthüllt, in wie hohem Grade eine dieser Strukuren oder ein Muster das christliche Denken beherrschen: die Struktur Gott ist Wille. Wir finden diese Struktur im Judentum und Islam, in Religionen also, in denen Gott ein für allemal seinen Willen in einer heiligen Schrift diktiert hat. Sie begegnet uns auch innerhalb der christlichen Tradition, wo der göttliche Wille seit Kaiser Konstantins Tagen in immer konkreterer Form die Züge des irdischen Herrschers angenommen hat, beispielsweise in Tintorettos Gemälde »Vom himmlischen Hof«. Hier handelt es sich wirklich um eine Projektion irdischer Verhältnisse in den Weltraum und zugleich um eine Negation des Bibelwortes: »Gott wohnt in einem Licht, da niemand zukommen kann.«

Für die meisten im Raum der Kirche aufgewachsenen Menschen dürften diese Struktur und derartige Bilder das Wissen verdunkelt und verdrängt haben, daß das göttliche Geheimnis sich dem Menschen auch durch andere Strukturen oder mittels anderer Muster kundgetan hat: als das ewige, unentrinnbare Weltgesetz. Diese Struktur tritt in mehr oder minder reiner, jedenfalls vorherrschender Form in der chinesischen, hinduistischen und buddhistischen Tradition hervor. Sie kann jedoch auch im Bewußtsein des christlichen Verkündigers Gestalt annehmen. Wir begegnen ihr z. B. in einer von Alfred Mohn bald nach Kriegsausbruch 1914 gehaltenen Predigt, in der es heißt: »Gott traf eines Tages im vergangenen Juni eine Entscheidung, die er in dem folgenden Beschluß aussprach: Um die Menschen für ihre Sünden zu strafen, werde ich sie dazu treiben, noch abscheulichere und hassenswertere Untaten zu begehen, als bereits geschehen. Nein, das glauben wir nicht und das werden wir niemals glauben. Aber wir glauben, daß Gott aus Gründen, die für uns teilweise verborgen sind, die aber ihren Grund nur in seiner Liebe haben können, die Menschen mit Freiheit begabt hat, und daß er sie in eine Welt gesetzt hat, die von Gesetzen gesteuert wird, die Ausdruck seines unveränderlichen Willens sind. Eines dieser Gesetze, das überall in die Geschichte und die Natur eingeschrieben ist, besagt, daß der Mensch ernten soll, was er gesät hat. Säe die Saat des Geistes, und du wirst das Leben ernten. Säst du aber die Saat des Fleisches, so wirst du vom Fleisch Verderben ernten. So ist Gottes Weltordnung.«

Die Struktur Gott–Wille dominiert, aber die Struktur Gott–Gesetz bringt sich in dieser Aussage des französischen Pastors in Erinnerung.

Das Studium der Weltreligionen zeigt, daß Gott nicht

ausschließlich als der transzendente, ewige Geist verstanden werden kann. Spontan oder als Reaktion gegen eine allzu einseitige Betonung seiner Transzendenz ist Gott als das immanente Wesen des Lebens zugleich erlebt und erfahren worden. Wenn wir Menschen unzweideutig entscheiden könnten, welche dieser beiden Arten zu sein Gott zuerkannt werden muß, so würde Gott nach der Auffassung Hiddings aufhören, Gott zu sein. Das veranlaßt uns, einige Thesen zu formulieren:

1. Die Weltreligionen haben das göttliche Geheimnis als Weltgesetz oder Wille und als kosmische Totalität oder schaffenden und gesetzgebenden Geist verstanden.

2. In der Verkündigung Jesu werden diese beiden Aspekte zusammengefaßt, nicht getrennt: Es komme dein Reich, es geschehe dein Wille.

3. Das Reich meint auch die göttliche Weltregierung, Gottes Machtausübung von Ewigkeit zu Ewigkeit, es wird zuweilen in Bildern aus der Welt des an Gesetze gebundenen Naturgeschehens dargestellt.

4. Die Verwalter der christlichen Tradition haben das Gefühl dafür verloren, daß es sich so verhält; das Moment des »immanenten Gesetzes«, das sich in der Unterweisung Jesu findet, hat niemals im christlichen Denken zu seinem Recht kommen können. In späterer Zeit ging man dazu über, das Christliche so mit dem Eschatologischen zu identifizieren, daß das Verständnis dafür verlorenging, daß Gleichnisse wie das von der kostbaren Perle, dem Schatz im Acker (den es dort ja bereits gibt), vom Sauerteig, vom Senfkorn, von der selbstwachsenden Saat Muster für ein göttliches Sein und Wirken sind, die nur sehr

wenig mit der spätjüdischen Apokalyptik zu tun haben. Die Feststellung R. H. Charles', daß der Ausdruck »Reich Gottes« in der apokalyptischen Literatur so gut wie gar nicht vorkommt (»hardly ever occurs in apokalyptic«), verdient hervorgehoben zu werden.
Wollen wir das Gegenstück zu den oben genannten Mustern finden, so müssen wir unsere Aufmerksamkeit der frühchinesischen Tradition und den Bildern zuwenden, die sie als Illustration für das geheimnisvolle Tao gesammelt hat. In dem gleichen Augenblick, in dem wir diese Gleichheit feststellen, verstehen wir auch die große Relevanz der Lebenserfahrungen des Missionars Karl Ludwig Reichelt, die in dem Satz gipfeln: »Die Chinesen konnten sich nur unter der Voraussetzung, daß sie Christus als die Verleiblichung des alten, mächtigen ›Tao-Begriffs‹ verstanden, die christliche Tradition aneignen.«

Kulturelle Bedingungen führen zu partieller Ausblendung biblischer Motive: Reich Gottes

Die Bibel hat uns die Gleichnisse Jesu bewahrt, aber dieselbe Bibel und in noch höherem Grade ihre Ausleger haben unsere Aufmerksamkeit von ihnen abgelenkt. Auf diese Weise ist eigentlich das Wichtigste, das jemals zur Erklärung der Situation gesagt wurde und das in den Beziehungen zwischen Gott und Menschen vorliegt, nie als Muster für das Erleben von Geschichte und Natur zur Anwendung gekommen.
Dies geht bereits aus einer ganz einfachen Statistik her-

vor. Der Ausdruck »Reich Gottes« (Himmelreich), der in den Evangelien 120mal vorkommt, findet sich in der Apostelgeschichte nur achtmal und im gesamten übrigen Neuen Testament nur 24mal. Die jüdische Buchstruktur und die iranische eschatologische Struktur dominierten in so hohem Maße über das Denken der in der Alten Kirche tradierten Gleichnisse, daß die Einladung, mit ihrer Hilfe das Geschehen hier und jetzt mit sehenden Augen zu betrachten, ihre Bedeutung verlor, obwohl kein Geringerer als Gottes Sohn selbst den Menschen die Gleichnisse erzählt hatte. Erst die Einsicht, wie bereits vorhandene Muster, die Wahrnehmung und das Erinnerungsangebot deformieren können, wie täglich durch einfache psychologische Demonstrationen belegt werden kann, dürfte im Verein mit der religions-wissenschaftlichen Forschung den Gleichnissen Jesu den Rang und die Stellung geben, die ihnen zukommen. Sie nehmen in der Weltliteratur eine einmalige Stellung ein. Zwei Aspekte sind in ihnen miteinander verbunden: Gott als Gesetz und Gott als Wille, beide offenbart im täglichen Geschehen, das den Menschen umgibt.

Für die deutschen Exegeten, die versuchten, unser Verständnis vom Inhalt der Gleichnisse herauszuarbeiten, dürfte die Deutung des Gottesreiches durch ihren hervorragenden Sprecher Gustav Dalman als »göttliche Weltregierung« nicht in den Bereich des Möglichen gehören, obwohl niemand seine Untersuchungen in bezug auf die jüdische Literatur bestreiten konnte. Die allgemeine kulturelle Lage war nämlich so beschaffen, daß die vorherrschenden Referenzsysteme es einem Universitätslehrer nicht erlaubten, hier und jetzt mit einer göttlichen Weltregierung zu rechnen. Descartes hatte Gott einmal in einer ähnlichen Bedrängnis an den Anfang der Dinge versetzt, um in der Gegenwart mit ihm fertig zu sein. Aber in einem darvinisierenden Deutschland schien auch diese Einordnung weder möglich noch opportun, und so mußte sich Gott damit begnügen, erst am Schluß der Geschichte aufzutreten. Die Verkündigung Jesu wurde eschatologisch ausgelegt. Die Dominanz der eschatologischen Struktur im christlichen Denken brachte es mit sich, daß man hier und jetzt nicht mit dem göttlichen Geheimnis rechnete, gegen dessen unsichtbare Machtimmanenz sich keine Macht aufwerfen kann, genausowenig wie der Mensch in der Lage ist, den Gang der Zeiten aufzuhalten.

Gott ist nur von Gegensätzen her, das heißt komplementär beschreibbar

Nach Jesus kann der Mensch sich nicht auf Gott als gnädigen Willen um einen geringeren Preis verlassen, als daß er bereit ist, mit seinem Widersacher im guten ins reine zu kommen. Sieht er die Notwendigkeit dazu nicht ein, liefert er sich selbst der Gerechtigkeit der weltlichen Ordnung aus und erlangt den Lohn seiner Taten ohne jede Gnade. Hat das menschliche Kollektiv einmal den Krieg gewählt, so tritt Gott dagegen nicht länger als Wille auf, der sich von menschlichen Gebeten beeinflussen läßt, sondern als gesetzmäßige Aktivität, die alle Ereignisse in der Zeit in einer Weise zusammenordnet, die alle menschlich-technischen Berechnungen zum Narren hält, aber den Glauben an die ewige Gerechtigkeit und die kosmische Vergeltung bestätigt.

In den Naturwissenschaften weiß man, daß es notwendig ist, sich verschiedener einander ergänzender und scheinbar gegensätzlicher Betrachtungsweisen zu bedienen, wenn man eine bestimmte Sachlage in den Griff bekommen will. Die gewöhnliche Annahme, ein Gegensatz müsse dadurch aufgelöst werden, daß entweder eine der gegensätzlichen Behauptungen aufgegeben oder ein Kompromiß zwischen ihnen gefunden wird, würde von den Naturwissenschaftlern durch die folgende Erkenntnis widerlegt: Wenn es um eine sogenannte komplementäre Situation geht, ist eine einheitliche Beschreibung nicht durchführbar, will man nicht die Augen vor der Vielfalt des Erfahrbaren teilweise verschließen. Wenn es darum geht, das Verhältnis Gottes zum Menschen und des Menschen zu Gott zu beschreiben, liegt eine solche kompleplementäre Situation vor, die eine Beschreibung mittels zweier verschiedener Betrachtungsweisen erfordert, der des Gesetzes und der des Willens.

Bevor es die naturwissenschaftliche Theoriebildung und den Begriff komplementäre Situation gab, fehlten uns einfach die Verständnismöglichkeiten dafür, daß gerade eine solche Beschreibung des Verhältnisses zwischen Mensch und Gott in der Unterweisung Jesu vorliegt. Diese Einsicht ist ihrerseits geeignet, die Frage nach Gott und den Weltreligionen in einer ganz neuen Beleuchtung zu sehen. Bereits in der Unterweisung Jesu selbst ist mehr von der für die östlichen Religionen charakteristischen Grundstruktur des Weltgesetzes vorhanden, als wir zuvor ahnen konnten.

Wirklichkeitsverständnis und Wahrnehmung sind kulturell bedingt und begrenzt

Wir müssen davon ausgehen, daß die menschlichen Persönlichkeiten in den jeweiligen, von bestimmten Mustern geprägten Kollektiven so strukturiert werden, daß Gott sich dem einzelnen innerhalb eines jeden Kollektivs dieser Art nur mit größer Schwierigkeit mitteilen kann. Eine Wahrheit, die sich in einer bestimmten Kultur durchgesetzt hat, war darum einer anderen nicht zugänglich. Vielleicht kann uns der Vergleich zwischen den verschiedenen Religionen etwas Wichtiges über die Faktoren sagen, die der Gottesgemeinschaft entgegenwirken und dazu beitragen, eine bereits vorhandene Einsicht wieder zu erschweren.

Die Inder wußten bereits früh, daß Gott sich im Kosmos verbirgt und daß das Heil darin besteht, in Gott aufzugehen. Der ewige Kreislauf des Daseins, das Karma, Samsara und Moksha sind die Muster, die ihre Erfahrung durch das Dasein geprägt haben.

Beispiel Buddhismus

Im Buddhismus wurde eines dieser Muster auf eine für uns Abendländer widersprüchliche Weise entwickelt. Von dem durch das Weltgesetz bestimmten Kreislauf der Wiedergeburten her suchte Buddha die Menschen dadurch zu befreien, daß er sie auf den Weg der Aufhebung des Lebensdurstes wies. Aus gewissen buddhistischen Texten läßt sich schließen, daß es nichts Bleibendes gibt. Das Dasein ist aus Elementen zusammengesetzt, die stets wechselnde Verbindungen miteinander eingehen. Dieser ständige Wechsel und die ständige Veränderung bedeuten für den Menschen ein nie endendes Leiden, solange er nach Leben dürstet und sich selbst als ein dauerhaftes Ich versteht. Alles ist vergänglich.

Warum ist hier der himmlische Vater oder Herrscher völlig verschwunden? Hängt das mit der Despotie der Väter in der indischen Familie zusammen, die zu einem Protest führte, zu einer Negation der väterlichen Macht, der Weigerung, zu einem Vater zu beten, zu einem Lebensspender nach asiatischer Auffassung? Es kann durchaus auf einem unbewußten Protest beruhen, daß das Weltgesetz an die Stelle des göttlichen Schöpfers tritt oder ihm übergeordnet wird. Vor dem Weltgesetz ist der Mensch, sind Vater und Sohn gleichgestellt, wenn nicht der zeugende Vater kurzerhand als Gefangener des Lebensdurstes auch noch in eine negative Figur verwandelt wird. Die Gesichtspunkte Sigmund Freuds sind vielleicht im Blick auf das Ganze weit fruchtbarer in der Anwendung auf die östlichen Religionen als auf das Christentum des Abendlandes. Die Frage ist, ob nicht die Bewertung des Daseins als Leiden eine zutiefst unbewußte Wurzel in einer Sehnsucht nach Rückkehr in das undifferenzierte Leben im Mutterschoß hat. Buddha soll nach der Legende seine

Mutter früh verloren haben. Er kann als Kind auf das Verlorene fixiert gewesen sein, und das wäre eine Erklärung dafür, daß der Jüngling sich nicht in einer der wechselnden Rollen der Männergesellschaft zurechtfinden konnte. Buddhas Verhältnis zu den Frauen kann von inzestuösen, von der buddhistischen Selbstanalyse nie durchschauten Komplexen bestimmt gewesen sein, und die buddhistische Meditationsübung, den Körper der Frau in lauter Fäulnisprodukte aufzulösen, legt nahe, daß es sich so verhält. Wird der Lebenstrieb an ein unbewußtes Mutterbild fixiert, muß sich die Auflösung des gesamten Daseins auf der dialektischen Ebene als ein Werk des »Vernichtungstriebes« darstellen. Der Nichtigkeit zum Trotz verkündet der Buddhismus das Ideal »Reinheit, Ruhe, Wachsamkeit und Festigkeit, Milde gegen andere, Schonung, Geduld, Wohlwollen«, ein Ideal, das mit einem gewissen Typ von Mütterlichkeit zusammenfallen dürfte. Wer weiß, ob dies nicht das tiefste Geheimnis des Stifters widerspiegelt, eine für ihn selbst ganz unbewußte Fixierung auf die tote Mutter oder eine Identifikation mit ihr.

Der Buddhismus ist ein Zeugnis dafür, wie sich das Erfahrbare für den stark muttergebundenen Menschen darstellt, wenn es die Gestalt verändert und nicht mehr von den Bezugsrahmen bestimmt wird, die unmittelbar mit unseren Bedürfnissen und dem Bewegungsapparat zusammenhängen, der uns in seiner Funktion die Welt der zehntausend veränderlichen Dinge gibt, mit der wir diese Bedürfnisse befriedigen. Wird die Libido auf ein Mutterbild fixiert und nicht mehr in das Objekt investiert, dann muß das Dasein in ständige sinnlose Veränderung aufgelöst werden. In einer solchen Situation wird die Buddharolle zur einzigen Lösung, zum Ausweg aus dem Leiden des Daseins. Doch die vom Jünger übernommene Buddharolle muß wie alle Muster projizierbar sein, und das geschieht in der Haltung der Verehrung gegenüber Buddha, wodurch gebundene Energie freigesetzt wird. Sie kann sich in mütterlichem Wohlwollen gegenüber allen Wesen Ausdruck verschaffen. Noch bemerkenswerter ist, daß schließlich die Muttergöttin im Buddhismus Gestalt gewinnt, und das ist es, was nach der Meinung mancher Spezialforscher zu der strikten Unterscheidung von Mahayana und Hinayana führt. In der Geschichte des Buddhismus gibt es hinlänglich viele Züge, die die Fixierung auf die Mutter als sein verborgenes Geheimnis anzeigen.

Beispiel Islam

Wir wissen, was sich ereignete, als der Islam dem Buddhismus in Indien begegnete und wirksam dazu beitrug, ihn dort auszurotten. Die kriegerischen Muslime erlebten die Situation des Menschen mit Hilfe des Musters »Gott der Macht und des Schreckens«, der keine Leugnung durch Menschenmund erträgt. Wenn aber das buddhistische Muster mit einer unbewußten Mutterfixierung zusammenhängt, kann dann nicht auch das islamische Muster Wurzeln unbewußter Art haben? Ist sein Gottesbild von unbewußten Dispositionen geprägt, die innerhalb einer Nomadenkultur entstanden sind, wo der Vater nur sporadisch auftaucht, um in einem Kollektiv von Frauen und Kindern für Ordnung und Vergeltung zu sorgen?

Unbewußte Dispositionen ermöglichen oder verhindern die Aufnahme religiöser Tradition

Schon jetzt meine ich, daß wir die Notwendigkeit begreifen, mit unbewußten Dispositionen zu rechnen, die die Möglichkeiten eines Menschen bestimmen, sich eine religiöse Tradition anzueignen oder sich von ihr zu distanzieren. Forschungen dieser Art müssen weitergeführt werden. Die Gegenüberstellung von Buddhismus und Islam dürfte auch in unserer skizzenhaften Art geeignet sein, die Naivität aufzuweisen, die mit der Redeweise verbunden ist, Gott hätte sich doch klar und deutlich mitteilen sollen, damit wir in der Welt nur eine Religion vorfänden. Wer so redet, übersieht schlicht die faktische Beschaffenheit des menschlichen Aufnahmesystems.

Unter den Völkern, die sich in der Entchristlichung befinden, müssen wir wahrscheinlich mit unbewußten Dispositionen ähnlicher Art rechnen, wie wir sie oben andeuteten. Das Vorhandensein solcher Dispositionen kann bewirken, daß gewisse Strukturen allzu einseitig ausgeformt und angewandt werden. Für die iranischen Nachbarn der Inder wurde das Muster des Kreislaufs gesprengt und das der Eschatologie trat hervor. Dieses hat durch Judentum, Christentum und Islam weltgeschichtliche Bedeutung erlangt. Seine Relativität kam teils in der Jenseitssehnsucht gewisser Gruppen einer christlichen Minderheit, teils in dem immanenten Chiliasmus, der für den Marxismus, der jüngsten großen christlichen Häresie typisch ist, zum Vorschein. Eine solche Einseitigkeit, mag sie sich nun in der einen oder anderen Weise manifestieren, fordert ein Korrektiv. Bietet der Hinduismus sich dazu an?

Stellt man das Christentum als Lehre und Institution über den Hinduismus, so liegt es auf der Hand, wenn in abwertender Absicht festgestellt wird: »Für den radikalbrahmanischen Monismus ist die sinnliche Welt nur ein Schein, mit dessen Hilfe Maya die Illusion, die Augen betrügt, die noch nicht dazu erwacht sind, ihre Zauberei zu durchschauen und das Eine in und hinter dem Scheindasein zu erkennen.« Wenn wir dagegen das institutionelle Christentum dem Hinduismus gegenüberstellen, so zeigt sich, daß das Christentum es mit seiner Verkündigung und Praxis nicht fertiggebracht hat, den Menschen klar zu machen, daß unser Dasein noch einen anderen Aspekt hat als den materiellen. Das Christentum bringt es nicht fertig, das Maya, den Betrug der technischen Projektionen zu entlarven, die den Menschen in solche Welten einschließen, wie sie uns in Harry Martinsons »Aniara«, Karin Boyes »Kallocain« und George Orwells »1984« geschildert werden. Das Christentum hat vielleicht etwas Wichtiges vom Hinduismus zu lernen: daß nämlich Gestaltwandel und die daraus erwachsende Erfahrung eine Voraussetzung für echtes religiöses Leben sind. Wenn es niemals in der Geschichte einen so entschlossenen, ausdauernden und weltumfassenden Versuch gegeben hat, die Religion für alle Zukunft auszurotten, wie in unseren Tagen, um einen Gedanken Hendrik Krämers aufzugreifen, dann kann das u. a. damit zusammenhängen, daß eine fundamentale Unkenntnis der Tatsache des Gestaltwandels nicht nur bei denen vorhanden ist, die die Religion bekämpfen, sondern auch bei denen, die sie verteidigen.

Die indische Erfahrung des nichtmateriellen Aspektes des Kosmos führt nicht zwangsläufig zum Pantheismus: Beispiel Sri Aurobindo

Aber bedeutet die indische Erfahrung des nicht-materiellen Aspektes des Kosmos nicht ein pantheistisches Aufgehen in der Alleinheit, in der sich die Persönlichkeit auflöst und verschwindet? Wenn es die Inder nicht vermocht haben, zwischen den persönlichen Zügen des Vaters bei der befreienden Begegnung mit der Ganzheit zu unterscheiden, so muß das darauf beruhen, daß ihnen die Muster für ein solches Erlebnis fehlten. Aber auch ein Inder kann die Ganzheit als Begegnung mit einer Person erleben. Davon vermag uns ein frappierendes Beispiel zu überzeugen.

Am 5. Dezember 1950 starb Sri Aurobindo, »– ein Avatar für das Licht, das einer neuen Ära leuchten soll«. Die Heiligkeit, die Aurobindo zugeschrieben wurde, die Stellung, die sein Ashram in Pondicherie bereits gewonnen hatte, zeigt, daß wir es mit einem bedeutsamen Phänomen zu tun haben. Was war das Kennzeichnende an Aurobindos Leben und Verkündigung? »Hier hat«, so Otto Wolff, »zum ersten Male vom indischen Hintergrund her gesehen der Mensch und sein Erdenleben volle Erkenntnis gewonnen.« Aurobindo hat das Persönliche bejaht: »Gott ist ein persönlicher Gott, nicht nur eine Person, sondern die einzige wirkliche Person, die Quelle alles persönlichen Lebens.« Bei ihm heißt es weiter: »Das Unpersönliche ist nicht Er, es ist vielmehr Es. Wie kann ein Es leiten oder helfen? Das höchste Stadium des religiösen Lebens führt den Menschen nicht in das unpersönliche Sein, sondern zu dem Unendlichen, das sagt ›Ich bin‹!« »Hierbei geht es nicht um Logik, es geht vielmehr um religiöse Tatsachen, um höchste und vollkommene Erfahrung.« Die Aufgabe des Menschen ist nicht die Auflösung des Selbst in die Alleinheit oder das Nirvana, sondern vielmehr eine Person zu werden.

Gegen den alten indischen Gedanken, das Erlebnis Gottes als Person sei die letzte Illusion, die überwunden werden muß, bevor man auf dem Wege der Frömmigkeit weiterkommen kann, hat also Aurobindo den bestimmtesten Widerspruch eingelegt. Die Inder, erklärt er, hätten es sich allzu einfach gemacht: »Es ist leicht, in einen beziehungslosen Frieden einzutreten, wo nichts eine Bedeutung hat.« Man hat den Neuansatz Aurobindos innerhalb des Hinduismus mit einem Hinweis auf seine generelle Abhängigkeit von der abendländischen Kultur erklären wollen. Da hat Wolff jedoch eingewandt, daß es sich keineswegs um eine ideengeschichtliche, seine Entwicklung bestimmende Aufarbeitung oder Argumentation handele, sondern vielmehr um gewisse Visionen und

Auditionen, die er im Gefängnis in Alipur gehabt hat. Aurobindo hatte das Nirvana erlebt, aber dieses Erlebnis veränderte nicht sein Leben. Eine solche Veränderung hatten dagegen die Offenbarungen in Alipur zur Folge. Auf die Frage nach den näheren Bedingungen dieser Erlebnisse ist Wolff nicht eingegangen. Wenn wir davon ausgehen, daß jede menschliche Erfahrung von unserem Gehirn gestaltet wird, dann muß sich der Versuch lohnen, bei einer bemerkenswerten Erfahrung festzustellen, welche Muster dem Gehirn zugeführt wurden. Geht es um religiöse Erlebnisse, bestehen diese Muster sehr oft aus Rollen. Es ist bezeugt, daß Aurobindo als Gymnasiast und Student in England eifrig Jeanne d'Arc studiert hat, das lothringische Bauernmädchen, das sein Volk von der Tyrannei der Engländer befreien wollte. Ich meine, es ist das Einleben in die Rolle der Jeanne d'Arc gewesen, das die Erfahrungen in Alipur ermöglichte, als Aurobindo im Gefängnis landete, nachdem er nach Indien zurückgekehrt war und nach einer Zeit wegen seiner führenden Rolle in einer revolutionären und terroristischen Tätigkeit von den Engländern verhaftet wurde. Ich denke mir, daß die Identifikation mit Jeanne d'Arc ganz unbewußt vor sich ging, aber sie war es, die seine Erwartung an Auditionen und Visionen im Grunde genommen mit bestimmt hat, die, als sie sich in Aurobindos Fall einstellten, im Detail eine indische Ausformung gewannen. Das Einleben in Jeanne d'Arcs Lebensschicksal muß so stark und lebendig gewesen sein, daß man wahrscheinlich in Aurobindos revolutionärer Tätigkeit einen Einfluß davon verspüren kann. So wie Jeanne die Engländer aus Frankreich vertreiben wollte, so wollte Aurobindo sie aus Indien vertreiben.

Ein exakter Beweis ist dazu wohl kaum zu erbringen. Anders sieht es dagegen mit der Bereitschaft aus, die den Empfang eines Befehls ermöglicht. »Gehe nach Candernagor«, so lautet der Befehl und Aurobindo befolgt ihn unmittelbar. Hier scheint eine Übereinstimmung in bezug auf Muster zwischen Jeanne d'Arc und Aurobindo klarer und deutlicher zu sein. Ein genaueres Studium dieser Frage würde den Rahmen dieser Darstellung sprengen. Ich möchte lediglich daran erinnern, daß während der Jahre, die Aurobindo in England verbrachte, und die Zeit unmittelbar vor seiner Verhaftung in Indien eine äußerst lebhafte Diskussion über Jeanne d'Arc im Gange war. Beiträge von Anatole France, Andrew Lang und Mark Twain lenkten da die Aufmerksamkeit auf die Frage, in welcher Art sich Gott den Menschen mitteilt. Während Anatole France in der Geschichte der Jeanne d'Arc einen verborgenen Priesterbetrug sah, fanden sie sowie die Echtheit ihrer Visionen in Andrew Lang und Mark Twain ritterliche Verteidiger.

Nach Aussagen von Zeugen stand einer der Sekretäre des englischen König in Rouen am Schafott und soll beim Anblick von Jeannes Tod voll Trauer und Verzweiflung ausgerufen haben: »Wir sind verloren, es ist eine Heilige, die wir verbrannt haben, ihre Seele ist sicher in Gottes Hand, denn mitten in den Flammen rief sie unentwegt den Namen Jesu.«

Wir meinen, Jesus Christus in seiner Dienerin Jeanne d'Arc zu sehen sowie in Aurobindo, der, von ihrem

Schicksal fasziniert, den Hinduismus auf seine Weise umformt, von der wir nicht zu träumen wagten.

Christus steht über den Weltreligionen und wirkt in ihrem Wettbewerb untereinander

Ich hoffe, daß ich bereits mit diesen Andeutungen dem Leser klarmachen konnte, daß auf die Frage nach Christus und den Weltreligionen andere Betrachtungsweisen anzuwenden sind, als wir sie uns angewöhnt haben. Stellen wir Christus über sämtliche Weltreligionen, so ist zu sagen, daß er den Hinduismus benötigt, um die Einseitigkeit des Christentums zu korrigieren, sowie das Christentum, um die Einseitigkeit des Hinduismus zu beseitigen. Die moderne Religionswissenschaft, die Kulturanthropologie und Kulturgeographie haben uns im Verlauf von etwa hundert Jahren einen immer tieferen Einblick in die Urkunden der nichtchristlichen Religionen, ihre Kultformen und die mit ihnen verbundenen Gesellschaftsformen vermittelt. Versuchen wir das uns zur Verfügung stehende gewaltige Material zu durchdringen, und zwar mit der Grundeinstellung, die Söderblom bei seinen Studenten hervorrufen wollte, als er andeutete, daß Gott in allen Religionen etwas von sich selbst mitteilt, daß aber die Unterschiede auf der »Situation und Unzulänglichkeit« des jeweils Begreifenden beruhen, so können wir *eins* fest behaupten: Wir können bereits jetzt die vageren Begriffe »Persönlichkeitsstrukturen« und »Zugang zu gestaltenden Mustern« ersetzen.

Die Persönlichkeitsstrukturen innerhalb verschiedener Kulturen sind so geartet, daß das, was sich die Menschen in *einer* Kultur von einer göttlichen Selbstmitteilung aneignen konnten, den Menschen in einer *anderen* Kultur unzugänglich blieb. Der Wettbewerb der verschiedenen Religionen in Sachen Mission darf nicht länger als ein grotesker Streit zwischen neurotischen Imaginationen verschiedener Kollektive gesehen werden, sondern als der eigene Versuch, die einseitig ausgeformten religiösen Strukturen des Lebensprozesses zu korrigieren. Mißt man der religiösen Erfahrung mehr Bedeutung zu als der religiösen Lehre, dann werden für uns Christen viele beunruhigende Fragen verstummen. Wie wird es eigentlich mit all jenen, die nicht die wahre Lehre empfingen oder sie nicht haben. Konnten die Menschen vor Christus das ewige Leben gewinnen? Können Menschen, die Christus verleugnen, es je erlangen? Nach den eigenen Worten Jesu hat die Frage nach dem ewigen Leben nichts mit lehrmäßigen Bekenntnissen zu tun, sondern mit der Barmherzigkeit und Solidarität mit hilfsbedürftigen Mitmenschen. Viele von denen, die von Christus ins ewige Leben gerufen werden, haben keine Ahnung, daß er es war, dem sie während der Tage ihres irdischen Lebens dienten, wie aus Math. 25, 31–46 klar hervorgeht.

Christus, die ungehobene Fülle der Weisheit

Im Johannesevangelium heißt es: »Verwundert euch des nicht. Denn es kommt die Stunde, in der alle, die in den

Gräbern sind, werden seine Stimme hören, und werden hervorgehen, die da Gutes getan haben, zur Auferstehung des Lebens, die aber Übles getan haben, zur Auferstehung des Gerichts« (5, 28–29). Alle werden sie früher oder später Christus begegnen. Die Entscheidung liegt in seinen Händen. Aber in der Welt von heute deutet vieles darauf hin, daß wir Christen es noch nicht vermocht haben, uns mehr als nur Fragmente von der Offenbarung anzueignen, die uns gegeben ist. Wir müssen viel bereitwilliger werden, von den nichtchristlichen Religionen zu lernen, um mit vollem Herzen in die Worte des Chorals einstimmen zu können:

Oh Herre Christ, wie unerschöpflich reich
ist nach Jahrhunderten Dein' Opfertat,
von Deiner Wahrheit greifen wir den Saum,
Dein volles Wesen ist noch ungesagt.

Du bist uns ewig neu und doch Dir gleich
zum ein'gen Volk lang noch Dein Lob nicht kam,
doch neue Stimmen rund ums Erdenreich
mit uns vereine, Christus, unser Heil.

Anstöße zum weiteren Nachdenken

Ein Nachwort des deutschen Herausgebers

Jeder kulturelle Raum hat seine besonderen Denktraditionen. Sie legen fest, was »wahrgenommen« und im öffentlichen Gespräch als »Wirklichkeit« hingenommen wird. Hjalmar Sundén hat einmal formuliert: »Realität ist eine Kollektivabsprache. Das Wahrnehmbare ist vielfältiger.« Was mag Christen oder Theologen im deutschen Kulturbereich und gerade in der evangelischen Kirche bewegen, wenn sie sich mit Gedanken von Sundén befassen? Werden wir an Erlebnis- und Wahrnehmungsbereiche erinnert, die bei uns geistig verdrängt und beiseite gestellt sind? Welche Aspekte dürften bei uns zum neuen Nachdenken wieder hervorgetreten sein? Zwei Fragen drängen sich zumal dem Theologen hier wohl auf: einmal die Frage, welche Bedeutung die Rollentheorie für die Auslegung der Bibel, die Hermeneutik, hat, wie sich diese etwa zur existentialen Interpretation und zur historisch-kritischen Methode verhält. Die andere Frage ist die nach der religiösen Erfahrung. Würden wir bei der Aufnahme Sundénscher Gedanken wieder zu einem kulturprotestantischen Subjektivismus zurückkehren? Oder gelingt es mit Hilfe des Sundénschen Ansatzes wirklich, wieder eine Außenorientierung des christlichen Glaubens nach mehreren Jahrhunderten Gefangenschaft im kritischen Bewußtsein erlangen? Zu beiden Gedankenkreisen sollen hier einige sehr vorläufige Gedanken angedeutet werden.

In der Frage der Schriftauslegung könnte die Sundénsche Rollentheorie ein weiterführender Beitrag in der Auseinandersetzung zwischen Gemeindefrömmigkeit und der historisch-kritischen Forschung werden. In dieser Auseinandersetzung scheinen die historisch-distanzierende und religiös identifizierende Schriftauslegung zu unfruchtbaren Alternativen geworden zu sein.

Aus der Sicht der Gemeindefrömmigkeit wird die historisch-kritische Methode so empfunden, daß sie unnötig die Bibel in die ferne Antike rückt, ihre Fremdartigkeit herausarbeitet und ihre Auslegung durch eine Vielzahl komplizierter wissenschaftlicher Instrumente vermittelt. Zwischen den Bibelleser und die Bibel scheint sich eine Wand zu schieben: das fremde antike Weltbild und alte mythologische Vorstellungen, Zeugnisse vergangenen antiken Denkens und Lebensgefühls. Der Glaube muß aus der antiken Umwelt in die unsere hinein übersetzt werden: eine anspruchsvolle geistige Leistung, ja eine mühselige Last. Im Bereich der sogenannten Gemeindefrömmigkeit meint man: für den persönlichen Glauben bringt das nichts ein.

Vertreter der *historischen Kritik* argumentieren anders: Ich kann in meinem Leben nicht mit zweierlei Maß messen: mit einem unkritischen religiösen und zugleich mit einem kritisch-wissenschaftlichen. Die historisch-kritische Methode wendet Maßstäbe, die wir auch sonst in der Gegenwart anwenden, auf die Bibel an und schlägt auf diese Weise eine Brücke zu anderen Wissenschaften und zum technisch-naturwissenschaftlichen Umgang mit der Wirklichkeit. Sie schlägt die Brücke zur Gegenwart.

Wieder eine andere Frage ist es, wieweit diese Maßstäbe auch »der Sache mit Gott« gerecht werden. In dieser Frage kann man aber mit Hilfe der Rollentheorie etwas ausrichten. Gehen wir einmal von einer Eigentümlichkeit biblischer Frömmigkeit aus, wie sie sich z. B. überall in den Psalmen findet. In Psalm 73 sieht sich der Beter in seiner Rolle als Frommer von den Ungläubigen herausgefordert:
Sie sprechen, wie sollte Gott es wissen?
Wie sollte der Höchste etwas merken?
Siehe, das sind die Gottlosen;
die sind glücklich in der Welt und werden reich (Vers. 11 und 12).
So sann ich nach, ob ich's begreifen könnte,
aber es war mir zu schwer,
bis ich ging in das Heiligtum Gottes
und merkte auf ihr Ende (Vers 16 und 17).
Der Beter macht die Erfahrung, daß Gott die Bäume der »Gottlosen« nicht in den Himmel wachsen läßt. Aus dieser Erfahrung heraus kommt er zu einem Bekenntnis und zum Lobpreis Gottes:
Dennoch bleibe ich stets an dir,
denn du hältst mich bei meiner rechten Hand,
du leitest mich nach deinem Rat
und nimmst mich endlich mit Ehren an (Vers 23–24).
In diesem Psalm kommt ein Grundmodell biblischer Frömmigkeit zum Ausdruck:
Rollenübernahme (In der Rolle des Beters wird Gott zum Partner)
Erwartung (Gott möge bestätigen, daß der Weg des Gottlosen keine Zukunft hat)

> Bestätigung (Erfahrung: das Ende des Gottlosen ist nicht rühmlich)
> Bekenntnis (ich bleibe stets an dir).

Diese religiöse Erfahrung ist wohl in einem langen Zeitraum des Betens gewonnen.

Die ganze biblisch-christliche Überlieferung ist von dieser Grundstruktur geprägt, in der der Mensch durch Rollenübernahme zum Partner Gottes bzw. Jesu Christi wird. Die Bibel ist im Unterschied etwa zu fernöstlichen Religionen durch die Rollen des Menschen vor Gott, die Beziehung zu Gott und zum Nächsten geprägt. Die biblischen Texte enthalten zahllose Rollenbilder, mit denen sich Menschen identifizieren können.

Hierzu einige Beispiele: In der Passafeier identifiziert sich die jüdische Familie mit der Rolle der ausziehenden Israeliten. Die Frauen am Ostermorgen laden den, der gegenüber dem Handeln Gottes in der Auferstehung ratlos ist, zur Rollenübernahme ein. Hierin liegt eine Einsicht: die biblischen Texte sind keine Reportagen ferner Ereignisse. Sie laden zur Identifikation ein, um auf diese Weise zu Gott in Beziehung zu bringen. Sie sind auch mehr als Kerygma, als Anspruch und Zuspruch. Bibeltexte zielen primär darauf, zu Erfahrungen mit Gott zu helfen.

Wenn der identifizierende Umgang mit der Bibel im Sinne der Rollentheorie tatsächlich der Intention der biblischen Texte selbst entspricht und zu elementaren Erfahrungen des Glaubens hinführen kann, dann käme ihm ein bleibendes Erstlingsrecht in der Christenheit zu. Er wäre dann für den Glauben ebenso elementar wie die Geburt für das menschliche Leben. Der abschätzige Klang im Wort »Gemeindefrömmigkeit« ist ganz unberechtigt. Die historisch-kritische Bearbeitung der Bibel hat gegenüber dem elementaren Umgang mit ihr die Aufgabe eines Korrektivs. Wie der Schriftgebrauch durch Rollenübernahme für die Gottesbeziehung notwendig ist, so ist die historisch-kritische Bearbeitung der Bibel sinnvoll für den Dialog mit der zeitgenössischen Kultur und Denkweise und für die Vermittlung religiöser Inhalte im Bildungsbereich.

Die zweite Frage ist die nach der religiösen Erfahrung. Man hört deutlich, wenn man diesen Begriff aufnimmt, das Verdikt Karl Barths, daß das Handeln Gottes in Jesus Christus, in Kreuz und Auferstehung eben gerade nicht menschlicher Religiosität und frommer Erwartung entspreche, sondern diesen vielmehr radikal widerspreche. Gottes Offenbarung besteht in dem Handeln durch einen Menschen. Gott war in Christus. Das ist die Offenbarung, die Religion ist eine menschliche Bemühung. An dieser theologischen Grundfrage darf man sich auch heute nicht leicht vorbeistehlen. Das Christentum verkündigt keine Selbsterlösung durch religiöse Praktiken. Aber diese Einsicht bedeutet eben nicht, daß der Gott, der unverfügbar bleibt und sich »mit Sorgen und mit Grämen« nichts abmarkten läßt, nun nicht erfahrbar wäre, d. h. daß er sich in dieser menschlichen Weltwirklichkeit nicht greifen ließe, daß er sich in Verheißung und Vergebung nicht finden und in Gebet und Gemeinschaft in Jesu Namen unbezeugt ließe. Freilich führt keine Technik religiöser Erfahrung zum sicheren Erfolg. Aber ebenso wie die Rechtfertigung aus Gnaden allein es nicht ausschließt, daß wir »Gott über alle Dinge lieben, fürchten und vertrauen« sollen und daß wir ihn »von ganzem Herzen suchen« sollen und daß es im Philipperbrief heißt »Schaffet, daß ihr selig werdet«, so sind wir auch von den Bemühungen des Suchens nach Gott, also von Religion, nicht entbunden: »Trachtet am ersten nach dem Reiche Gottes und nach seiner Gerechtigkeit.« Es kommt aber darauf an, von wo, besser von wem her die Erfahrungen gesucht werden und ob die Richtung des Suchens sich an den Rollen und Mustern der Bibel orientiert. *Hier* sollte gerade jeder Christ seine Glaubenserfahrungen suchen. Und *hier* ist der Begriff der »Erfahrung« auch theologisch legitim.

Die wahrnehmungspsychologischen Erwägungen von Hjalmar Sundén können empirisch freilich nicht weiter als bis zur *Möglichkeit* solcher religiöser Erfahrungen führen. Sie können zeigen, daß religiöse Rollensysteme prinzipiell den sonstigen Strukturen menschlicher Wahrnehmung entsprechen und demzufolge Wahrnehmung oder Erfahrung erschließen können. Damit ist eher der Ausschließlichkeitsanspruch mancher Wissenschaftsverständnisse kritisiert, als etwa die »Wirklichkeit« der Gotteserfahrung »bewiesen«. Christliche Gotteserfahrung kann nicht empirisch beweisbar werden, weil sie sich naturwissenschaftlichen Modellen und Apparaten ganz einfach nicht stellt. Zeigen kann man aber, daß der Mensch auf einen Ganzheitsbezug angelegt ist und ihn braucht, nicht aber, wie er ihn gültig im Sinne christlicher Offenbarung findet.

Das Besondere an den Gedanken Sundéns ist, daß er mit Hilfe des Wahrnehmungsbegriffes die Religion aus ihrer

Fixierung auf Bewußtsein, Subjektivität, Innerlichkeit und Gefühl zu befreien trachtet und sie nach außen hin orientiert auf das Erlebnisfeld der gesellschaftlichen und personalen Wirklichkeit, auf ihre kulturellen Dimensionen hin. Theologisch gesprochen treibt Sundén das Interesse an einem »extra nos«, das Interesse, auf etwas gerichtet zu sein, das außerhalb unserer selbst, unseres eigenen Bewußtseins, unserer Person ist. Interessant ist auch, welche Rolle das biblische Verheißungswort dabei spielt, das meine Erwartungen von mir selbst fort auf den Partner, auf Gott lenkt. Aber so tief eine Erfahrung mich auch treffen mag und so sehr sie die Erwartungen gegenüber dem »Partner Gott« verstärken mag, die Gewißheit kann nie in der Erfahrung allein ihren Grund haben, sie bedarf der äußeren Zeichen von Wort und Sakrament immer wieder, gleichsam der Wolkensäule am Tage und der Feuersäule des Nachts, solange eben das Volk Gottes noch unterwegs ist.

Hjalmar Sundén ist auch Christ, Theologe und Lutheraner im Sinne Nathan Söderbloms. Ein Vorwurf, er mache Gott verfügbar, würde ihn weder als Psychologen noch Theologen treffen. Er macht gerade Aspekte des souveränen, richtenden Gottes wieder deutlich gegen eine optimistisch gewordene Theologie. Seine Einsichten weisen Perspektiven auf, die ein postrationales Zeitalter nicht unmöglich erscheinen lassen.

Gütersloher Taschenbücher GTB

82 Manfred Hausmann · Martin und Isabel. *4,80 DM*

83 Reinmar Tschirch · Gott für Kinder
Religiöse Erziehung – Vorschläge und Beispiele. 5,80 DM

84 Helmut Thielicke · So sah ich Afrika
Tagebuch einer Schiffsreise. 6,80 DM

85 Wilhelm Dantine · Jesus von Nazareth
in der gegenwärtigen Diskussion. *6,80 DM*

86 Wer hat den lieben Gott auf die Welt gebracht?
Gottesvorstellungen von Kindern. Gesammelt von Robert Weil, illustriert vom Lemke-Pricken Team. 4,80 DM

87 Ulrich Neuenschwander · Denker des Glaubens II
Emanuel Hirsch, Emil Brunner, Paul Tillich, Pierre Teilhard de Chardin, Karl Jaspers. 7,80 DM

88 Neue Geschichten Kindern erzählt. *Zum Vorlesen und Spielen für 4 bis 7jährige, hg. von Wolfgang Longardt. 4,80 DM*

89 Wolf-Dieter Marsch · Die Folgen der Freiheit
Christliche Ethik in der technischen Welt. 8,80 DM

91 Fritz Heinrich Ryssel · Große Kranke
Sören Kierkegaard, Vincent van Gogh, Reinhold Schneider. 4,80 DM

92 James Weldon Johnson · Gib mein Volk frei
Acht Negerpredigten. 4,80 DM

93 G. Bauer / O. Betz / D. Schoeneich · Von Woche zu Woche
Andachten. 5,80 DM

94 Manfred Hausmann · Andreas, Viola und der neue Stern. *4,80 DM*

95 Hermann Ringeling · Neue Humanität
Beiträge zur theologischen Anthropologie. 8,80 DM

96 Hannelore Frank · Damals ist heute
Biblische Geschichten für unsere Zeit. 5,80 DM

97 Johann Friedrich Konrad · Kalina und Kilian
Problemorientierter Religionsunterricht mit Handpuppen für Kindergarten und Grundschule. 6,80 DM

98 Hjalmar Sundén · Gott erfahren
Das Rollenangebot der Religionen. 6,80 DM

Gütersloher Verlagshaus Gerd Mohn